HERZLICHE
WEIHNACHTSGRÜSSE
HEIDEHOF - BUCHHANDLUNG
UND MELLINGER VERLAG

Otto Heuschele

Ein Leben mit Goethe

Otto Heuschele

Otto Heuschele

Ein Leben mit Goethe

J. Ch. Mellinger Verlag, Stuttgart

ISBN 3-88069-090-1

© 1980, J. Ch. Mellinger Verlag GmbH,
Wolfgang Militz Co KG, Stuttgart
Einbandgestaltung: Johannes Walther, Grafiker, Stuttgart

Es liegt in meiner Natur, das Große und Schöne willig und mit Freuden zu verehren, und diese Anlage an herrlichen Gegenständen Tag für Tag, Stunde für Stunde auszubilden, ist das seligste aller Gefühle.

Johann Wolfgang von Goethe

Wie ich zu meiner Begegnung mit Otto Heuschele kam

Wer sich vor Jahr und Tag in der Schweiz für Literatur interessierte, las gewiß auch am Sonntag „Die Literarische Tat", eine Beilage der heute leider nicht mehr existierenden Tageszeitung „Die Tat". Diese Beilage wurde zunächst von *Max Rychner* und nach dessen Tod von dem früheren Chefredakteur *Erwin Jaeckle* geleitet.

Er war die Seele dieser Blätter im wahrsten und schönsten Sinne des Wortes. Wenn wir eine Initiative, die Goethe am Herzen lag, aufgreifen wollen: die Idee einer Weltliteratur, so darf man rückblickend sagen: ein Stück einer solchen Weltliteratur lebte in jeder Aussage dieser vielseitigen Publikation.

Otto Heuschele, immer wieder begegnete man ihm. Jeder Beitrag rief ein Echo im Inneren hervor ... noch unbeantworteter Fragen. Und dann tauchte sein Name eines Tages auch in der Wochenschrift „Das Goetheanum" auf. Aber reif wurde das stetig wachsende Interesse erst durch einen Essay über *Sprache*, über das Gedicht, über Lyrik. Was Otto Heuschele hier in Worte faßte, war so ursprünglich so ganz aus dem Herzen geschrieben, aber auch so nah verwandt, daß der längst konzipierte Brief an den unbekannten Bekannten nun abgesandt werden mußte.

Er nahm seinen Weg über die Redaktion und wurde von der sicheren, bewährten Hand von *Claire Scheuter*, durch deren Mitarbeit „Die Literarische Tat" ebenfalls existierte, weitergeleitet.

Otto Heuschele wurde in seiner Darstellung nicht nur dem geschriebenen, er wurde im gleichen Maße auch dem gesprochenen Gedicht gerecht. Der Vers, der Laut, Rhythmus, Melodie – die Fülle der künstlerischen Elemente, der gestalteten Sprache traten einem entgegen. Alles war so einfach ausgesprochen, so schlicht und selbstverständlich. Da mußte ein Dankeswort erfolgen, auch für den Herausgeber, der solches veröffentlichte! So war es vor Jahren.

Bald darauf wurde der 75. Geburtstag des Dichters durch die Stadt Waiblingen begangen. Zu meiner Überraschung erhielt ich eine Einladung. Neben mir hatte Erwin Jaeckle seinen Platz.

Nun ist die Zeit des 80. Geburtstages gekommen. Als wir – jetzt schon zum wiederholten Male – im weitbekannten Haus in der Korber Straße beieinandersaßen, nicht zu vergessen die liebenswerte Gattin, und der Freund unerwartet und unbeabsichtigt seine Goethe-Arbeiten erwähnte, konnte man dieses Wort nicht vorübergehen lassen, ohne es aufzugreifen. Der Gedanke lag in der Luft: Zum 8. Mai 1980 ein Goethe-Buch. Der Autor gab mit Freude, ja mit Begeisterung seine Zustimmung.

So hat es sich abgespielt. Und der Stuttgarter Verlag J. Ch. Mellinger, Wolfgang und Elisabeth Militz, schon bekannt mit dem Werk, griffen gerne auf, was entstanden war.

Otto Heuschele hat seinen Arbeiten den Titel gegeben „Ein Leben mit Goethe". Das erste Kapitel wird deutlich machen, was in diesen Seiten pulsiert. Für den Leser ist es damit ein Doppeltes geworden: Ein Leben mit Goethe – ein Leben mit Otto Heuschele. Darin liegt der Wert dieser Geburtstagsgabe.

Dornach, Ende August 1979   *Edwin Froböse*

Vorbemerkung

Die folgenden Arbeiten werden hier, um die Usprünglichkeit des Erlebens zu wahren, in der sprachlichen Gestaltung wiedergegeben, in der sie vor Jahren und Jahrzehnten niedergeschrieben und veröffentlicht wurden. Die Jahreszahlen am Schluß jeder Arbeit geben das Entstehungsjahr an.

Otto Heuschele

Leben mit Goethe

Es wäre nicht der Mühe wert,
siebenzig Jahre alt zu werden,
wenn alle Weisheit der Welt Torheit wäre vor Gott.

Goethe

In einer Zeit wie der unseren, in der sich viele Menschen, auch solche, die sich zur Bildungsschicht zählen, kaum mehr bewußt sind, was uns Werk und Wirken Goethes bedeuten, in der es andere kaum mehr wagen, Goethe zu zitieren, möge es verstattet sein, ein Bekenntnis zu Goethe abzulegen. Es soll geschehen, indem wir uns Rechenschaft zu geben versuchen, was uns Goethe heute sein und geben kann.

Zum ersten Mal begegnete ich Goethe in den Jahren des Ersten Weltkriegs in den Oberklassen der Oberrealschule Stuttgart-Bad Cannstatt. Damals wurden in allen höheren Schulen Gedichte von Goethe gelesen, manche davon mußten wir auswendig lernen. Wir lasen aber auch „Iphigenie", „Torquato Tasso" und „Hermann und Dorothea". Unser Deutschlehrer führte uns an Hand einer Literaturgeschichte in Goethes Leben und Werk ein. Ich selbst entdeckte für mich, soweit das möglich war, „Faust", und als ich im Sommer 1918 zum Heeresdienst einberufen wurde, war neben einer Ausgabe der Werke Hölderlins und neben Nietzsches „Also sprach Zarathustra" auch eine Faustausgabe aus der Reclam-Universalbibliothek in meinem Koffer. Damals habe ich gewiß nicht alles verstehen und erfassen können, *eines* aber habe ich in diesen Jahren erfahren: mir wurde das Wunder der deutschen Sprache geschenkt.

Nach dem Krieg studierte ich in Tübingen und Berlin, wo ich Vorlesungen hörte, die immer wieder auf wechselnden Wegen zu Goethe führten oder sich mit Goethe beschäftigten. In diesen Jahren suchte ich natürlich auch die Werke der Dichter kennen zu lernen, die mir innerlich nahe kamen. Neben Hölderlin und Schiller waren dies vor anderen Grillparzer und die Romantiker. Damals suchte ich auch die Zeitgenossen zu lesen, vor allem Stefan George, Hugo von Hofmannsthal, Rainer Maria Rilke und Hesse. Auch in der französischen und englischen Literatur trachtete ich danach, die mir nahen Dichter kennen zu lernen. Ich habe damals ein kleines Stück von dem überschauen können, was man etwas anspruchsvoll mit „Weltliteratur" umschreiben könnte. Immer wieder kehrte ich jedoch zu Goethe zurück. Ich lernte die großen Führer zu Goethe kennen, allen voran Georg Simmel und Friedrich Gundolf. Ihre Bücher weiteten mir die Welt Goethes. In den Jahren nach dem Ersten Weltkrieg bis zum Beginn der Diktatur des Dritten Reiches erschienen eine Fülle Bücher und Schriften, die sich von wechselnden Positionen aus mit Goethes Werk und Wirken auseinandersetzten. Sie machten sichtbar, was er uns, was er der Welt sein könnte und sein sollte. Es waren Werke von verschiedenem Rang und verschiedener geistiger Haltung. Man kann heute rückblickend von dieser Zeit als von einer *Goethe-Renaissance* sprechen. *Reinhard Buchwald* hat nach dem Zweiten Weltkrieg in seinem bedeutsamen und zu Unrecht vergessenen Buch ,,*Goethezeit und Gegenwart*'' einen Überblick über dieses reiche Schrifttum gegeben, wobei er vor allem daran erinnerte, wie Goethe im letzten Drittel des 19. Jahrhunderts gewissermaßen neu entdeckt wurde, wie neue Bereiche seines Schaffens ans Licht traten. Dazu gehörten die Naturwissenschaftlichen Schriften, die der junge *Rudolf Steiner* in einer von ihm gestalteten Neuausgabe wieder ins Bewußtsein brachte. Von seiner Begegnung mit dem Werk und der Naturanschauung Goethes führt ein gerader Weg zur Anthroposophie. Was diese Begegnung für Folgen hatte, mag u. a. daran abgelesen werden, welche Aufgabe die Waldorfschulen in unserer Gegenwart im Bereiche der Bildung erfüllen dürfen.

Falsch wäre es indessen, anzunehmen, Goethes Werk habe nun innerhalb des Bildungsbereichs eine Sonderstellung eingenommen. Das war weder zu erwarten noch wäre es im Sinne einer universalen humanistischen Erziehung gewesen, wenn neben seinem Lebenswerk das Schaffen anderer Dichter übersehen worden wäre. Eines aber sollte nicht vergessen werden: damals waren nicht nur die Wissenschaftler wie Dilthey, Simmel, Burdach, Gundolf und etwas später Emil Staiger bemüht, die Einmaligkeit von Goethes Existenz sichtbar zu machen, vielmehr waren es auch führende schöpferische Dichter, die den Deutschen und der Welt sagten, was wir mit dem Werk dieses Dichters besitzen. In den schweren Jahren, die der Zerstörung der geistigen Überlieferung vorangingen, waren warnende und mahnende Worte zu hören. Hugo von Hofmannsthal hatte notiert: ,,Goethe kann als Grundlage der Bildung eine ganze Kultur ersetzen'', und an anderer Stelle lesen wir: ,,Von Goethes Sprüchen in Prosa geht heute vielleicht mehr Leuchtkraft aus als von sämtlichen deutschen Universitäten.''

Max Kommerell, einer der berufensten Vertreter der damaligen jungen Generation, beschloß seine im 100. Todesjahr (1932) gesprochene Rede: ,,*Jugend ohne Goethe*'' mit den Sätzen: ,,Wer der Meinung ist, Goethe und die aus ihm sich nährende Pflege von Bildungswerten sei eine Angelegenheit der Sittenverfeinerung, die man jetzt – angesichts so ungeheurer Gefahren und Zusammenstürze – zu verleugnen habe, wer meint, daß niemand hinderlicher sei als Goethe dabei, daß der Deutsche sich wieder in die blutstarke und blutgierige blonde Bestie zurückverwandle, der sei erinnert: Bildung als Gipfel des Menschlichen einzubü-

ßen reichen einige Minuten der Zerstörung hin, die einmal verscherzte wieder-
zuerwerben, bedarf es der Jahrhunderte."

Es gibt aus diesen Jahren ähnliche Bekenntnisse führender Dichter, die aussprechen, was uns Goethe gerade in dieser Zeit hätte sein können. Ich nenne neben
Hofmannsthal George, Hermann Hesse und Hans Carossa, Rudolf Alexander
Schröder und Rudolf Borchardt. Solche Mahnungen, ausgesprochen von Männern, die sich ihrer *Verantwortung als Dichter* bewußt waren und aus eigener
schöpferischer Kraft Werke von Rang hatten hervorbringen dürfen, wiegen
nicht minder schwer als die zahllosen Arbeiten von Fachleuten und Spezialisten,
die einzelne Bereiche von Goethes Werk neu durchforschten und unter neuen
Gesichtspunkten zu sehen bemüht waren. Erinnert sei auch noch an die vier Reden, in denen ein so großer Denker und Täter, Theologe, Philosoph und Musiker
wie *Albert Schweitzer* sich zu Goethe bekannte oder wie *Eduard Spranger*, der
Pädagoge und Philosoph, in Reden und Aufsätzen zu Goethes Leben, Werk und
Wirken als einer Einheit Stellung nahm. Der große Schweizer und Europäer, Diplomat und Historiker *Carl J. Burckhardt* sprach in seiner Hamburger Rede:
,,Gedanken über Goethes Idee der Gerechtigkeit" (1950) ein Bekenntnis aus, wie
es nur ganz selten in so kristalliner Form sichtbar wurde: ,,Goethe ist das kün-
sterlische Ingenium, welches denkend sieht und seherisch denkt; er ist ein be-
zaubernder, zaubernder Lauscher, ein in allen Formen der Erscheinungswelt
hellsichtiger lesender, beständig formenschaffender Sänger und dabei ein mit
kraftvollem Menschenverstand begabter, maßhaltender Weiser, der mit allem
sinnlich Erkennbarem in heiterstem Austausch steht. Ein frommes Staunen im
Sinne der Griechen, eine antike ,pietas' stellen ihn in das würdigste Verhältnis zu
Menschen und Dingen, und aus der ernsten Achtung, mit welcher er allem Vor-
trefflichen begegnet, baut sich seine eigene Würde auf."

Worte wie diese sind Goethe verpflichtet, sie lassen uns aber auch ahnen, wer er
war. Andere haben anderes gesagt. Auch in den Schriften und Reden, die 1932 in
anderen Ländern geschrieben oder gesprochen wurden, werden immer neue
Züge in seinem Werk entdeckt. So hat der große französische Dichter Paul Valéry in einer Gedenkstunde der Sorbonne daran erinnert, was Europa gewonnen
hätte, wenn es auf die Stimme seiner Großen im Geiste, zu denen er Goethe zählte, gehört hätte. Er sagte: ,,Einige Männer vermitteln uns die Vorstellung oder
vielleicht die Illusion von dem, was diese Welt und vornehmlich Europa hätten
werden können, wenn eine Durchdringung politischer Macht und geistiger
Macht möglich gewesen wäre – oder wenigstens wenn diese Mächte weniger
schattenhafte Beziehungen unterhalten hätten." Fünf Jahre zuvor hatte im Januar 1927 *Hugo von Hofmannsthal* seine Münchner Rede ,,*Das Schrifttum als*

geistiger Raum der Nation" mit der Mahnung und dem Bekenntnis beschlossen, es sei notwendig, daß „der Geist Leben wird und Leben Geist, mit anderen Worten: zu der politischen Erfassung des Geistigen und der geistigen des Politischen, zur Bildung einer wahren Nation." Hier darf auch an den großen französischen Essayisten und Literaturkritiker *Charles Du Bos* erinnert werden, der immer wieder für Goethes Größe Zeugnis abgelegt hat. Seine Arbeiten über Goethes Werk wurden 1949 auch in deutscher Sprache unter dem Titel *„Der Weg zu Goethe"* vorgelegt.

Es gehört zu dem tragischen Geschehen in der neueren Geschichte Europas, daß Einsichten und Mahnungen wie diese in allen Ländern laut wurden, aber ungehört verhallten. Ein Lebenswerk, wie es Goethe uns und der Menschheit schenken durfte und kraft eines höheren Auftrags schenken mußte, wurde beiseite geschoben. Die Goethe-Renaissance brach jäh ab. Die Menschen, vor allem die Deutschen vergaßen, was ihnen mit seinem Werk gegeben war. Man hat sich seiner gerühmt, man sah ihn aber zu lange *nur* als Dichter, und erkannte nicht, was er mit seinem *erfüllten Leben und seinem Werk* uns sein kann und sein müßte. Wir überschrieben dieses Bekenntnis mit den Worten „Leben mit Goethe", weil wir des Glaubens sind, daß wir mit Goethe leben können und leben sollten, war es ihm selbst doch gegeben, ein Leben zu führen, das mit allen Höhen und Tiefen vertraut war. Dieses Leben ist in seine Dichtung eingegangen, er hat es selbst als eine Confession bezeichnet. Wir müssen es dort suchen und werden es immer neu entdecken, wir finden es ebenso in den Briefen, in den Gesprächen, in den Aufzeichnungen derer, die mit ihm leben durften. Manche seiner Zeitgenossen haben ihn erkannt, manche ihn geliebt, andere ihn mißverstanden, bekämpft und abgelehnt. Er selbst sah die Wege, die er ging, übersah auch die Irrwege nicht. Das Geheimnis, das hinter allem Leben verborgen ist, ahnte er auch hinter dem eigenen. „Soviel kann ich Sie versichern, daß ich mitten im Glück in einem anhaltenden Entsagen lebe und bei aller Mühe und Arbeit sehe, daß nicht mein Wille, sondern der einer höheren Macht geschieht." Es war, wir wollen es nie vergessen, kein leichtes Leben, das er zu führen hatte, auch sein Weg ging an Abgründen hin, aber er suchte und fand die Quellen der Kraft, und die Tröstungen waren ihm vertraut. Heimsuchungen blieben nicht aus, Krankheiten wollten überstanden sein. Wenn er 1814 schreibt: „Der Mensch gewöhne sich, täglich in der Bibel oder im Homer zu lesen, oder Medaillen oder schöne Bilder zu schauen oder gute Musik zu hören", so deutet das auf die Vielfalt der Quellen des Lebens hin, die er selbst den Menschen zu geben bemüht war. Antike und Christentum waren ihm dabei, das bleibt immer wieder zu betonen, in gleicher Weise nahe.

Vor dem Großen in der Schöpfung hatte er dieselbe Ehrfurcht wie vor den kleinen Dingen, aus denen die Geheimnisse alles Lebendigen zu ihm sprachen. Er war ein Schauender und ein Hörender, die leisen Stimmen vernahm er ebenso wie er in den Formen die Geheimnisse der Gestalt und damit des Schöpferischen sah. Wir erinnern uns daran, daß er sich oft des Ausdrucks „geheimnisvolloffenbar" bediente. Er war ein Weiser und ein Wissender, der die letzten Geheimnisse achten und ehren wollte. In diesem Sinne lautet eines seiner tiefsten Bekenntnisse: „Das schönste Glück des denkenden Menschen ist, das Erforschliche erforscht zu haben und das Unerforschliche ruhig zu verehren."

Es wäre zu wenig gesagt, wenn wir aussprechen wollten, wir sollen oder können *bei ihm lernen.* Viel eher müssen wir versuchen, mit ihm zu leben, in seinem Werk und seinem Leben dem Geheimnis des Lebens selbst zu begegnen. Wir finden solche Geheimnisse bei allen, denen wir Größe zubilligen, jene Größe, die sich im Laufe der Jahrhunderte bewährt hat, die immer wieder von den Großen, die nachfolgen, aufgenommen wird. Menschliche Größe kann sich in vielen Formen offenbaren. In Goethe hat sie sich in seiner Universalität geoffenbart, in der Weise, daß ihm die Wunder und Geheimnisse der Natur lebenslang so nahe blieben wie die Wunder und Geheimnisse großer menschlicher Leistungen in den Bereichen des schöpferischen Geistes wie im tathaften Handeln im Felde der Pflichterfüllung. Vielleicht hat er es selten so deutlich ausgesagt wie in seinen Worten über Wolfgang Amadeus Mozart: „Aber freilich, eine Erscheinung wie Mozart bleibt immer ein Wunder, das nicht weiter zu erklären ist. Doch wie sollte die Gottheit überall Wunder zu tun Gelegenheit finden, wenn sie es nicht zuweilen in außerordentlichen Individuen versuchte, die wir anstaunen und nicht begreifen, woher sie kommen."

Dem Geheimnis von Goethes Leben und Wirken nachzuspüren, gibt es der Möglichkeiten viele, wir wollen sie immer wieder nützen, indem wir uns in sein Werk, das so weite Lebensbereiche umfaßt, vertiefen. Aus ihm ist nur weniges ausgeschlossen, denn es war ihm gegeben, das Wesentliche vom Unwesentlichen zu scheiden. Er sah stets die großen Zusammenhänge. Er erlebte die Französische Revolution und ahnte ihre Folgen in der Zukunft, von denen er wußte, daß er sie lange nicht mehr alle erleben würde. Er war ein Schauender des Kommenden. Die Voraussetzung dafür liegt bei ihm in der Fähigkeit, alles, was ihm entgegentrat, vor großen Horizonten zu sehen. In vier kurzen Versen hat er dies festgehalten:	Wer nicht von dreitausend Jahren
Sich weiß Rechenschaft zu geben,
Bleib im Dunkeln unerfahren,
Mag von Tag zu Tage leben.

Goethe hat sich in seinem langen Leben ein reiches Wissen angeeignet, das sich bei ihm in Weisheit verwandelte. Er war in keinem Augenblick das, was wir heute mit dem Begriff Intellektueller umschreiben, er war auch kein Ästhet und auf keinem Gebiet ein Spezialist. In einem seiner reifsten und schönsten Werke „Die natürliche Tochter" stehen die Worte:

Und so verleugnet ihr das Göttlichste,
Wenn euch des Herzens Winke nichts bedeuten.

Diese Verse könnten wie ein Leitwort über seinem Leben stehen.

Er, der so viel über den Sinn des Lebens, die Ordnung der Welt, die Zusammenhänge zwischen Natur und Geist, zwischen Vergangenheit und Gegenwart, zwischen der Vergänglichkeit und der Ewigkeit nachdachte, hat häufig davon gesprochen, daß er sein Leben und Wirken als eine Gnade begreife. Es ist eine tiefe Frömmigkeit, die sich in vielen seiner Bekenntnisse zum eigenen Leben äußert. So sagt er an einer Stelle „Der Zweck des Lebens ist das Leben selbst". Dieses Leben selbst aber ruht für ihn auf Fundamenten, die ihn bestimmen, alles Große und über den Tag Hinausreichende zu verehren. „Es liegt in meiner Natur, das Große und Schöne willig und mit Freuden zu verehren, und diese Anlage an herrlichen Gegenständen Tag für Tag, Stunde für Stunde auszubilden, ist das seligste aller Gefühle."

Von der *Verehrung* ist da nur ein kleiner Schritt zur *Ehrfurcht*, von der er sagt: „Eines bringt niemand mit auf die Welt, und doch ist es das, worauf alles ankommt, damit der Mensch nach allen Seiten zu ein Mensch sei; die Ehrfurcht." Wir wissen, wie er in „Wilhelm Meister" eben diese Ehrfurcht in die Mitte aller Erziehung stellt.

Aus zahlreichen Äußerungen wie aus dem ganzen Werk spricht immer wieder einerseits eine tiefe Vertrautheit mit dem Leben und andererseits eine hohe Ehrfurcht vor dem Geheimnis, das in unserem Leben verborgen ist. So steht neben dem Satz: „Nichts zerstört den Menschen so wie die Vermehrung seiner Macht, die nicht mit einer Vermehrung seiner Güte verbunden ist", der andere: „Wundertätig ist die Liebe, die sich im Gebet enthüllt." Wir erleben, je tiefer wir uns in das Werk versenken, wie sich in ihm so viele zeitlos-menschliche Wesenszüge äußern, daß wir uns in unserer so veränderten Welt und Zeit an sie halten wollen und halten dürfen, ohne aus unserer Welt und Zeit zu fliehen. Schließlich aber werden wir immer wieder die Liebe erkennen, die er über alles stellt. Nach ihr strebt er selbst, sie erfüllt und bewegt ihn schließlich, so daß er im „Faust" sagen darf:

Was euch nicht angehört,
Müsset ihr meiden,

Was euch das Innere stört,
Dürft ihr nicht leiden,
Dringt es gewaltig ein,
Müsset ihr tüchtig sein.
Liebe nur Liebende
Führet herein.

Möge aber niemand aus dieser Feier der Liebe und dem Bekenntnis zu ihr als dem Höchsten, was der Mensch dem Menschen schenken kann, schließen, Goethe habe die Mächte des Bösen, des Zerstörerischen nicht gekannt. Er nennt es das Dämonische und drückt es in „Dichtung und Wahrheit" so aus: „Es sind nicht immer die vorzüglichsten Menschen, weder an Geist noch an Talenten, selten durch Herzensgüte sich empfehlend; aber eine ungeheure Kraft geht von ihnen aus, und sie üben eine unglaubliche Gewalt über alle Geschöpfe, ja sogar über die Elemente, und wer kann sagen, wie weit sich eine solche Wirkung erstrecken wird? Alle vereinten sittlichen Kräfte vermögen nichts gegen sie; vergebens, daß der hellere Teil der Menschen sie als Betrogene oder als Betrüger verdächtig machen will, die Masse wird von ihnen angezogen. Selten oder nie finden sich Gleichzeitige ihresgleichen, und sie sind durch nichts zu überwinden als durch das Universum selbst, mit dem sie den Kampf begonnen; und aus solchen Bemerkungen mag wohl jener sonderbare, aber ungeheure Spruch entstanden sein: Nemo contra Deum nisi deus ipse."

Wer könnte das Prophetische dieser Sätze überhören, wer sich, nach allem, was *wir* in diesem Jahrhundert erleben mußten, ihrer Wahrheit verschließen! Freilich damals konnte Goethe sagen: „Selten oder nie finden sich Gleichzeitige ihresgleichen." Heute finden wir diese dämonischen Menschen an vielen Stellen unserer klein gewordenen Erde wirken. Wo sie auftauchen, bedienen sie sich jener Mächte, die Goethe ahnend heraufkommen sah und die sich heute zu einer seltenen Vollkommenheit in den technischen Entwicklungen, vor allem auch in den Massenmedien, anbieten. Tragisch bleibt dabei, wie Goethe es ausdrückte, daß sie nicht durch eine gleichwägende Beziehung zum Guten ergänzt werden. Goethe ahnte, daß die Welt sich wandeln würde, daß gewisse sichtbar gewordene Entwicklungen den Menschen in die Lage versetzen könnten, Veränderungen herbeizuführen, die unübersehbare Gefahren in sich schließen. Wir hören sein an Zelter gerichtetes Wort: „Laß uns so viel als möglich an der Gesinnung halten, in der wir herankamen; wir werden mit vielleicht noch wenigen die letzten sein einer Epoche, die so bald nicht wiederkehrt."

Ein Wort wie dieses sagt vieles aus, es spricht auch zu uns, es muß uns ermahnen und ermutigen, uns des Erbes zu erinnern, das er uns mit seinem Werk und seinem Leben hinterlassen hat. Daß wir es erkennen und ehren, muß uns eine Aufgabe bedeuten.

Es konnten nicht mehr als Wegmarken sein, die wir auf dem Gang durch die Jahrzehnte bei den immer neuen Begegnungen mit Goethe für die Zeitgenossen, vor allem auch für jüngere Menschen festhielten. Vor ihnen liegt ein Weg durch die Wirrsal einer täglich sich wandelnden und von dämonischen Mächten bedrohten Welt, mögen sie nie vergessen, daß sie neben den Großen wie Homer und Platon, neben den Schriften der Evangelisten, Dante und Shakespeare, Pascal und Hölderlin, um für viele andere nur einige Namen zu nennen, auch Goethe befragen sollten, wenn sie nach dem Sinn des Lebens suchen. Die Antworten werden die eines Dichters sein, der in einer Zeit großer geistiger und künstlerischer Blüte leben durfte, dem es stets eine Pflicht war, alle Forderungen zu erfüllen, die jeder Tag an ihn richtete. Wer dies vermag, dem wird viel gegeben. Es gilt dabei vor allem, das Zeitlose in Goethes Werk zu entdecken. Zeitlos ist immer gewesen, was menschliches Tun und Handeln zu Größe führte. Goethe hat wie alle Großen um die Realisierung des Zeitlosen im Menschlichen in seinem Leben wie in seinem Werk gerungen. Und noch eines: es ist unserer Zeit leider eigen, daß Kräfte am Werke sind, die ohne Ehrfurcht vor menschlicher Größe die Werke der Dichter und Denker umfunktionieren, um sie auf die Niederungen herabzuziehen, die den Menschen der Zeit gemäß sind. Möge es gelingen, auch diese Gefährdung von Goethes Erbe fernzuhalten und es in Reinheit einer kommenden Zeit zu übermitteln.   *(1979)*

Goethe und unser Leben

Einhundertfünfundsiebzig Jahre sind ein Zeitraum, den der Lebende an seinem eigenen Leben nicht zu messen vermag, ja ihm fehlen selbst aus dem Leben der einzelnen Familie Maße, diesen Zeitraum zu umfassen. Aber im Leben der Natur und des Geistes bleiben ihm wohl Zeiten, die ihm als Maß auch diesem fast ewigen Leben gegenüber dienen. Daß eines Baumes Alter hundert und mehr Jahre ausmacht, vermögen wir zu fassen, erleben wir mit ihm auch nur zehn Jahre unseres eigenen bewußten Lebens. Daß in der Geschichte des Geistes fünfhundert Jahre kaum fünf Jahren unseres engen begrenzten Lebens gleichzuzählen sind, das versteht der geistige Mensch, der in der Geschichte des geistigen Lebens zu lesen sich erwählt hat. Daß aber dieser Mensch Goethe heute vor 175 Jahren geboren wurde, und daß mit diesem Augenblick seiner Geburt der Kern, die Zelle einer neuen Welt unserer großen Welt einverleibt war, das ist ein Ereignis, das in den Begriffen unserer Sprache nur mit dem Worte: ,,Gnade'' benannt werden kann. Und doch, was war Goethe, was war er, da er lebte, was war er, da er starb, und was ist er heute, da er unsichtbar unter uns ist, alle Stunden und alle Tage? Was ist er an diesem Tage, da Millionen suchender Menschen seiner sich in allen Nationen erinnern; da in Millionen einsamer Seelen seine Lieder aufwachen, da durch hundert und tausend lampenerhellte Zimmer seine Gestalten gehen, unsichtbar und doch sichtbar all denen, die gewillt sind, ein Geistiges in Körperlichem zu sehen? Und er selbst? Ist er tot? Geht er nicht unter uns als einer der Unsern, uns immer noch nahe, wie er Vater und Mutter nahe war und dann dem Herzog und der Stein und Schiller und Eckermann? Gehört er nicht unsrem Leben an, weil ohne ihn unser Leben nicht mehr denkbar ist? Nicht nur den wenigen Geistigen, die ihn ganz besitzen, die um ihn wissen wie um Dinge ihres eigenen unbegriffenen Lebens, nein, allen, die diese deutsche Sprache sprechen und in ihr leben, ist er eingedrungen in ihr Leben, weil er eine Welt gebracht hat und eine Welt war, ist er *unser!* So wie Hölderlin plötzlich aufstand unter uns, wie einer, der mit uns alle Not getragen hat, so war Goethe immer unter uns und ist es bis in diese Stunde. Er gehört der Nation, ja mehr, er gehört der Welt.

Was ist aber dieses unser Leben? Wir stehen vor ihm und fassen es kaum in seiner unbegreiflichen Verworrenheit und Vielfalt. Manche wähnen es zu besitzen, und, kaum haben sie die Hand nach ihm ausgestreckt, ist es ihnen wiederum entronnen, wie Quecksilber zwischen den Fingern zerfließt und fort ist für immer. So ist das Leben ein Ding, ein Traum, den wir Tag um Tag herausholen müssen aus dem Schatten der Nacht, um ihn im Lichte des Tages festzuhalten und zu erkämpfen. Unbegreiflich ist es und groß, aber es ist ein Kampf um dieses Leben, und dieser Kampf, das ist das Leben selbst. Was aber gab dem Leben, das Kampf war mit Mensch und Zeit, mit dem eignen Ich, was gab ihm den hohen und ewigen Wert, den wir in ihm vielleicht mehr ahnen als begreifen? Es ist etwas Gewaltiges und Unbegreifliches in diesem Leben, das von uns vielleicht nur in diesen seltenen Stunden unseres Daseins nacherlebt werden kann, da wir selbst irgendwie aus den engen Grenzen unseres irdischen Gebundenseins herausgehoben sind. Diese Frage, was war Goethes Sein, was war der Sinn seines Lebens, seines Daseins? ist nur eine Frage nach dem Sinn, den Goethe heute für unser eigenes Leben, für unser Dasein, unsere Welt hat. Mit Scheu und leisem Beben stellt man an das eigene Gewissen diese Frage, zaudernd nur sucht man die Antwort, denn sie gehört mit zum schwersten, dessen was von uns zu erfragen ist. Goethe ist gestorben, und es folgten ihm andere Große im Geiste. Hebbel und Wagner, Keller und Meyer, Ibsen und Nietzsche, Dostojewski und Tolstoi, Balzac und Flaubert wanderten über die Erde und schenkten ihr die Werke, die sie ihr zuvor abrangen. Andere leben unter uns, denen die Geschichte einen Platz gönnen mag an seiner Seite. Er aber, dessen wir heute gedenken, er war diesen niemals gewichen. Manche haben ihn verachtet, manche ihn auch verspottet, andere das Kleinliche und Vergängliche seines Werkes und seines Lebens über alle Maßen aus dem Kosmos, der sein Leben war, herausgehoben; die tiefen Menschen aber, die nach einem höheren Ziele gesucht, denen das Wesentliche des Lebens zum Wesentlichen ihres Lebens wurde, sie haben ihn immer in ihrer Nähe gefühlt, er war ihnen nahe, gehörte zu ihrem Leben, wie ein lieber Freund und Bruder. Schon habe ich das Wort hingeschrieben, das irgendwie sein Dasein zu verklären, zu umfassen vermag, Goethes Dasein war ein Kosmos, eine Welt. Dieses war freilich auch das Werk Dostojewskis und Balzacs, aber Goethes Werk ist die Verklärung und Gestaltung des Ewig-Menschlichen in seiner vollsten Breite. So ist uns in diesem Menschen mehr als ein Vorbild geworden, wir haben in ihm das Sehnen nach Vollendung und das Ringen um Vollendung; wir sehen in diesem Leben das Leidenschaftliche und Chaotische, das Stürmische und Entfesselte, ja wir sehen unser eignes Leben und sehen das Leben der Menschheit hier widergespiegelt in einem einzigen Leben.

Was aber ist das Leben uns Heutigen? Da ist es eine Sehnsucht, dort, wie gesagt, ein Kampf, dort ein Wille zu Form und Ziel, Goethes Sendung in seinem eigenen Leben aber ist die Tat der Erziehung. Eben dieses Moment der Erziehung, des Pädagogischen, das ist das Wichtige für unser Leben. Denn in seinem Leben lag trotz allem Kampfe, trotz allem Ringen mit der Zeit und ihrem Widergeiste, mit den Leidenschaften und Stürmen der Seele eine ungeheure Klarheit und Reinheit. Man muß diese Helle mit jenem klaren Lichte vergleichen, das aus dem Süden immer auch im Norden auf Goethe fiel. Das Leben Goethes zeigt in unvergleichlicher Harmonie, wie gemischt aus nordischem Traum und südlicher Schau sein Leben war. Dieses Leben nun ist eingegangen ins Werk, ist verschlossen in den Briefen, den Gesprächen, den Berichten der Zeitgenossen. Doch man findet es hier nur vermöge der wunderbaren Gestaltung, die dem Werke eignet. Denn daß man aus einem Leben das Kleine und Kleinste weiß, macht nicht seine Größe aus, sondern daß im Kleinen wie im Großen, in allem, was von diesem Menschen ausgeht, etwas Ewiges liegt, das sich wie ein Atem über das ganze Dasein und sein geistiges Weiter-Leben nach dem Tode ausbreitet. Nicht daß in diesem Werk und allem, was sich um das Werk lagert, eine Philosophie, eine Wissenschaft, eine Dichtung verschlossen ist, macht es groß, vielmehr nur die tiefste Möglichkeit einer Gestalt gewordenen Menschlichkeit. So allein ist er ein Zeitgenosse unserer und aller Zeiten.

Wir halten nun in einsamen Nächten in Stunden der Leidenschaft Zwiesprache mit ihm, und er redet zu uns wie ein Bruder, ein Lehrer oder ein Richter. Sein Werk hat begonnen im Stürmischen, im Verkünderischen, es stieg aus dem Prophetischen des Pathetikers heraus auf die sonnenklare Höhe des Mittags, da die Stunde zeitlos ist und der große Pan schläft und eine klare Reinheit in alle Leben dringt. Am Abend aber endete es im Erzieherischen. Für uns ist dieses ganze Werk nimmer mehr in Teile zerlegbar, es ist ein Ganzes, Eines, das alle Stunde und alle Tage mit uns ist, daß wir unser Leben und unser eigenes Werk an dem seinigen messen, nicht dem äußeren Ausmaße nach, sondern der inneren Gesinnung nach.

So habe ich in diesen Zeilen noch mit keinem Worte an das Dichterische dieses Menschen gerührt, und doch ist er *Der Dichter*, unser Dichter. Haben wir uns nicht in den Jahren des Krieges, in den Jahren der Heimsuchung, da wir alle Kräfte belebten, daß sie uns verbündet waren, haben wir uns da nicht nach ihm genannt, haben wir uns nicht das Volk Goethes genannt? Es mag eine dunkle und große Überhebung in diesem Rufe liegen, er ist wohl der Dichter unseres Volkes, aber er gehört der Welt. Doch er gehört nicht nur als Dichter der Welt, er gehört ihr auch als Mensch. Und wenn ich so spät des Dichterischen Erwähnung tat, so folgte ich keinem Zufall, sondern jenem undeutbaren Gefühl, daß in ihm das Menschliche fast noch über dem Dichterischen stehe. So ist das Dichterische ins Menschliche gehüllt und formt das Ewige, zu dem wir unsere Augen emporheben immerdar, weil die Stunde des Ewigen immer ist, und allezeit will es uns anziehen, wie ein Magnet das Eisen zu sich lockt. Und im Ewigen und Erhabenen lebt auch die unsichtbare Kraft der Erziehung.

Mit diesen Gedanken stehen wir heute, da vor 175 Jahren dieses Menschen Seele in die Welt trat, um sie 83 Jahre lange mit ihrem Lichte zu erfüllen, denn seine Seele war eine leuchtende Seele, wir stehen immer noch in ihrer Glut, in ihrem Lichte. Wer aber darf bekennen, daß er sie besitze, daß er um das Ewige wisse, das diesem Menschen innewohnte? Wer darf ohne Scheu sagen, daß er ihn umfasse, daß er das Wehen seines Geistes, die tiefe und unvergeßliche Weite seines Lebens ahne? Nicht daß man alle Jahre neue Blätter seiner Hand finde, nicht daß man sich um Kleinigkeiten seines Lebens oder Werkes streite, macht ihn uns zu eigen, sondern einzig die Nähe seines Geistes, das Ahnen der Ewigkeit in und um ihn. Und schließlich jenes Verlangen der Ewigkeit, daß er ein ewiger Mensch sei und daß wir an seinem ewigen Leben teilhaben, das macht ihn uns zu eigen, macht sein Leben unserem Leben eigen und teuer!   *(1924)*

Gespräch über die „Wahlverwandtschaften"

„Ich möchte die Hoffnung fassen, daß aus diesem Werke, dergleichen
ich lange eins gewünscht habe, den Menschen einmal ein Licht aufge-
hen werde über das Schicksal überhaupt, und besonders in der antiken
Kunst, worüber alle neueren Kunstrichter unaufhörlich sprechen, und
das keiner so verstanden hat wie ich." (Solger: Brief über Goethes
„Wahlverwandtschaften".)

*Es war ein heißer Sommermittag, die beiden Freunde kehrten von einem Gang
in den nahen Wald zurück. Sie waren, als sie in den mauerumgebenen Garten
traten, in Gespräche verstrickt. Der Ältere der beiden, wir nennen ihn Leopold,
brach dann von den Rosen, um sie seiner Gattin zu bringen. Rudolf, der Jüngere,
schritt indessen zwischen den Beeten weiter. Sie trafen sich hernach wieder und
setzten ihren Weg durch die Blumen fort, der sie zu der von wildem Wein und
Kletterrosen umwachsenen Laube führte, die in der Mauerecke des Gartens im
kühlen Schatten einer großen, eben blühenden Linde stand. Hier trafen sie die
Gattin des Älteren: Annette. Vor ihr auf dem Tisch lag ein aufgeschlagenes
Buch. Sie las nicht in ihm, vielmehr waren ihre Blicke merkwürdig in die Ferne
gewendet, sie schienen irgendwo ins Unendliche zu gehen und alle nahen Dinge
zu übersehen. Sie hatte so die Eintretenden kaum bemerkt. Das Buch, das vor
ihr lag, waren Goethes „Wahlverwandtschaften". Die beiden Männer setzten
sich, nachdem sie Annette begrüßt hatten, nieder, und es entspann sich zwischen ihnen ein Gespräch, dem Annette lange schweigend zuhörte...*
Leopold: Es ist ein wunderbares Buch, diese „Wahlverwandtschaften", man
mag dagegen sagen, was man will, es ist neben dem „Faust" und dem „Divan"
die wundervollste, reinste Schöpfung der Goetheschen Seele. Wenn man aber
versuchte, zu erklären und zu deuten, worin die Größe dieser Dichtung liegt, so
würde es recht schwer werden, sie zu ergründen, es würde unendliche Möglichkeiten geben, immer neue, unwägbare Elemente aus diesem Kunstwerk zu lösen.
Aber vielleicht ist es dennoch dieser einzigartige Atem, die Atmosphäre, die das
Ganze durchweht und ihm seine zeitlose Bedeutung verleiht, vielleicht ist es
diese Atmosphäre, die ihm den letzten Grad großer Kunst gibt. Wir haben wenig
dergleichen Werke in unserer Dichtung wie diesen Roman, und es will mir erscheinen, als erkenne die Nation bei weitem noch nicht, welch kostbares, soll ich
sagen: seltenes Kleinod in einem solchen Werk liegt. Die Deutschen finden nur
schwer zu ihren großen Romanen den Weg, sie verkennen diese „Wahlverwandtschaften", wie den „Nachsommer" ihres Stifter, den „Maler Nolten" ih-

res Mörike, wie den „Münchhausen" ihres Immermann. Es mag dieses seltsame Verkennen daher rühren, daß sie gewöhnt sind, die eigenen Romane immer an den fremden Mustern der Franzosen, der Russen oder der Engländer zu messen. Sie kennen „Die Brüder Karamasoff" und Tolstois „Anna Karenina", sie haben Balzac und Flaubert, Dickens und neuerdings Galsworthy gelesen, aber daneben verlieren sie Blick und Gefühl für die eigenen Romanwerke, sie suchen sie in der Domäne der Russen und Franzosen, und weil sie da im Deutschen nur Mittelmäßiges finden, sind sie enttäuscht, sie vergessen, daß der deutsche „Große Roman" einer anderen Sphäre angehört, auf einer anderen Ebene zu suchen ist als die fremden Romane.

Rudolf: Die Nation besitzt ja wohl Goethe überhaupt nicht in dem Grad, in dem es ihm gebührt. Wie viele kennen den „Westöstlichen Divan", wie viele wissen um den Reichtum dieses Werkes, wie viele lesen ihn jedes Jahr nur ein einziges Mal? Sie blättern ihn an und legen ihn aus den Händen, kaum lebt in ihnen das eine oder das andere Gedicht, das Buch ist aber doch durch und durch eine geschlossene Schöpfung und kann nur so begriffen und in Besitz genommen werden. Und ist es nicht ähnlich mit der „Pandora", mit der „Natürlichen Tochter", was haben die Deutschen von diesen Werken sich zu eigen gemacht, was mehr als das Urteil ihres Studienrates? Beginnt die Verkennung dieser Werke nicht schon in der Generation Goethes selbst und währt bis in unsere Gegenwart? Dürfen wir jemals hoffen, daß sie geistiger Besitz unserer Nation werden? Und sind nicht diese Werke Kostbarkeiten der Sprache, würdig, dem besten Kronschatz eines Volkes eingereiht zu werden? Ist es am Ende nicht mit dem gesamten Werk Goethes so, man nennt ihn, man brüstet sich mit seinem Namen, man hebt ihn auf den Schild, man schreibt Zitate aus seinem Werk, aber besitzt ihn die Nation heute in dieser Stunde so, daß sie sich nach ihm nennen könnte, sichtbar und vernehmlich aller Welt? Eine ernste Frage, und nicht leicht, darauf die Antwort zu geben.

Aber kehren wir zu den „Wahlverwandtschaften" zurück. Wir sprachen von der geheimnisvollen, dichterischen Kraft, die ihnen innewohnt; wollen wir nicht versuchen, uns diese zu deuten? Es ist ja bei den großen Kunstwerken so, daß wir nur ungern aus dem Genuß, den sie uns bringen, aus der Beseligung, in die sie uns senken, uns erheben, um uns Rechenschaft zu geben; und dennoch habe ich bei den „Wahlverwandtschaften" gerade immer wieder versucht, diese vielfältigen Elemente zu ergründen, die zusammen dieses reine, große, soll ich sagen: erhabene Werk ausmachen.

Leopold: Ich muß gestehen, daß es mir ähnlich erging und immer wieder ergeht. Ich lese dieses Buch seit vielen Jahren immer wieder, und jedesmal finde ich, daß mich ein Neues aus ihm berührt. Neues nicht so sehr im Einzelnen als im Ganzen. Ich empfinde, wie eine neue Welt aus ihm kommt, wie es sich von Jahr zu Jahr wandelt in mir oder mit mir. Als ich es zum erstenmal las, ich war noch ein Jüngling, da waren es wundersamerweise nicht die Gestalten, die mich so sehr ergriffen, nicht die Charaktere, sondern es war eher die gesamte, fast undeutbare Atmosphäre, die mich im Innersten ergriff. Die herrlichen Landschaften, die Gärten und Parke, das Werden der Bauwerke, all dies sah ich so deutlich vor mir, erlebte es so innig in mir, erst in diesem Raume konnte ich die Gestalten fassen, begreifen, mehr ahnen als besitzen. Ich hörte ihre Gespräche, ich konnte mir alles nur in dieser einmaligen unwiederbringlichen und undeutbaren Atmosphäre denken.

Rudolf: Dieses Element ist bestimmt auch eine der Grundkräfte der Dichtung. Aber wer vermag zu sagen, wie viele solcher Elemente zusammenwirken, um die magische Kraft zu erreichen, mit der uns der Roman berührt. Wer kann deuten, was das Entscheidende in solch einem vollkommenen Werke ist, darinnen alles in alles greift und keine Bruchstelle sich zeigt? Wie vieles Schöne und außerordentlich Kluge haben die besten Köpfe seit mehr als hundert Jahren über das Buch geschrieben, die Gelehrten wie die Dichter, die Philosophen wie die Weltleute, und doch ist das Geheimnis seiner Größe nicht leicht zu deuten. Wie viel ist nötig, um das Gnadenhafte zu erfassen? Wieviel war nötig, bis es aus dem Schwebenden zum Gestalteten wurde, denn ein Gestaltetes ist dieses Werk durch und durch, etwas Absolutes und man möchte sagen Antikisches ist in diesem geformten Gedicht wie nur in wenigen anderen der deutschen Sprache.

Leopold: Das Geheimnis liegt wohl in der Gestalt Ottiliens. Wer kann diese Gestalt ergründen? Ich weiß, daß ich mit ihr umging oft und viel. Ich ging mit diesem Wesen tagelang durch mein Zimmer, sie geleitete mich auf den einsamen Wegen meines Gartens. Ich erinnere mich an unvergleichliche Nachsommertage eines Jahres, da ich in den Nachmittagsstunden eines Oktobertages wieder nach den ,,Wahlverwandtschaften" griff. Ich las sie in einem Augenblick, das heißt ohne Unterbrechung saß ich an dem Buch. Mein Leben löschte für Stunden aus. Ich gab mich dem Gedicht hin, und so fiel alle Zeit, ja aller Raum von mir ab. Ich legte den Band fort, schlug die Augen auf, ich mußte mich erinnern, wo ich war . . ., ich ging die Treppe vom Balkon hinab in den Garten, überall lag goldenes Laub, Blumen dufteten, reife Früchte fielen klopfend in den Rasen, die Sonne überschüttete alles mit ihrem Gold, ich ging durch die Wege, öffnete das kleine Tor, durch das wir vorhin hereinkamen, trat in den braunen Buchenwald, der wie Gold leuchtete . . . immer war dieses Wesen neben mir: Ottilie. So war es tagelang. Ich wußte, daß sie eine Einzige war unter den Gestalten Goethes, auch unter den Frauen. Vielleicht verdanken wir ihr das Werk, dieser Gestalt mit all ihrer Süße und Herbe, mit ihrem Schicksal. Man sagt, Goethe habe in der Gestalt der vom Untergang umschatteten Minna Herzlieb das Urbild zu dieser Ottilie geschaut. Es mag sein, daß Ottilie nicht diese Minna Herzlieb ist, aber das Erlebnis scheint von ihr auszugehen. Es ist dies ein Geheimnis, ein Wunder, eine Gnade, man soll dies nicht zerstören wollen. Ein magisches Licht geht von dieser Gestalt aus, und dieses Leuchten ist es, das dem Gedicht sein Geheimnis gibt, hier ist die Mitte, aus der alles Leben quillt.

Rudolf: Ohne Zweifel, aber wie vieles ist doch, wie du selbst sagst, immer wieder neu an dem Werk. Das Schicksal, ist dieses nicht der unsichtbare, gleichsam imaginäre Held des Romans, wenn man diese abgebrauchte, verdorbene und nichtssagende Phrase gebrauchen will bei einem so hohen, erhabenen Werke der Dichtkunst. Das Schicksal, das in und zwischen den Gestalten hingeht, wie herrlich, wie groß hat es dieser Dichter gestaltet mit all seinen unwägbaren Kräften. Du kannst die Philosophen fragen, kannst sie zitieren immer wieder…, sie werden uns nicht sagen, nicht deuten, was das Schicksal ist. Dagegen ist es hier von einem Dichter gestaltet, es ist hineingeflochten in das Leben der Menschen und beherrscht sie als waltende, einmalige, eindeutige und doch unsichtbare Macht; niemand kann sich ihrem Gesetz entziehen. Ich gestehe dir zu, daß auch diese Macht des Schicksals mir nur zuzeiten dominierend erschien. Es kamen andere Jahre, da sich mir anderes aus dem Buch aufschloß.

Leopold: Das ist richtig, diese große Dichtung ist wie alles Große unergründlich. Man kann die Kraft, die sie entstehen ließ, niemals erfassen, mit dürftigen Worten aussagen; dies eben ist das Echte, das Einmalige aller großen Kunst. Aber es sind doch auch so viele sichtbar waltende Gesetze bei ihrem Wachsen lebendig; sie zu erkennen, ihnen zu begegnen, ist das gnadenhaft Beglückende an diesen Werken. Ich denke nun eben an die Komposition des Werkes. Wie alles auf den schmalsten Raum beschränkt ist und gerade darum von solch intensiver Wirkung wird. Es ist ein immanentes Gesetz, nach dem sich alles Geschehen entrollt. Auch alles scheinbare Verweilen und Ruhen führt uns doch immer weiter zu jenem Ziel, da das Schicksal sich offenbart. Alles scheint in diesem Werke nur dazu da zu sein, dieses Schicksal zutage treten zu lassen. In jeder Gebärde, in jedem Bilde, ja in jeder Bewegung tut es sich uns auf, und immer wieder ist es da, auch im leisen Wehen des Windes, im müden Niederfallen des welken Laubes gleicherweise wie im großen erhabenen Augenblick der Liebe und des Todes. Was ist Schicksal, wenn nicht zwischen Liebe und Tod zu sein? Wie vieles könnte man nennen, darein es verknüpft ist, dem es verbunden ist? Es beherrscht alles und erhält doch wieder nur seine menschlich reinste und holdeste Gestalt in Ottilie.

Rudolf: Man spürt dies schon beim ersten Erscheinen dieses Wesens, mit ihm erscheint das Schicksal, wie eine Wolke über der Landschaft schwebt es über dem Geschehen. Das Schicksal in seiner magischen Gestalt als Liebe und Tod ... und was zwischen Liebe und Tod liegt, zwischen Zeugung und Vergehen, alle jene schwebenden Zustände des Lebens und der Seele, jene Erscheinungen des Schicksals, alles ist in diesem Buch zwischen dem Kommen und dem Vergehen dieses Mädchens, jenem Tode, der dann Wunder wirkt, eingeschlossen. Eines aber läßt mich oft nachdenken, nämlich das Wesen der anderen Gestalten. Wie denkst du von ihnen?

Leopold: Sie sind ohne Zweifel nicht so sehr einzig, nicht so sehr erfüllt wie Ottilie, sie leben gleichsam alle nur von dem Lichte, das von Ottilie auf sie fällt. Sie sind alle da, aber Ottilie gibt ihnen erst Leben. Hier ist jene gnadenhafte Magie, die jedem großen Werke eignet.

Rudolf: Man sollte es nicht berühren, und doch will man es lieben, aber darf man den Gegenstand seiner Liebe zerpflücken? Man soll es nicht tun. Du nimmst die Frau, die du liebst, wie sie dir erscheint, ganz, immer ganz; im Lichte der Sonne leuchtet ihr goldenes Haar, ihr Auge blickt empor zu einer silbernen Wolke, die im blauen Äther schwimmt, über ihre Schulter fällt der Schatten eines Baumes, sie hebt ihre Hand nach einer reifen Frucht, sie beugt sich nieder, eine Blüte aus einem Beete zu brechen, sie legt ihre kühle Hand in die deine ..., alles dies sind viele Formen, aber es ist eine Seele, die sie offenbaren. Diese liebst du, und so liebst du dieses unendliche Leben in dem Gedicht. Aber mitunter fragst du nach dem Sinn.

Leopold: Wir wollen die Formen, die Symbole deuten, wollen um ihren Sinn wissen. Fragen wir nicht auch gerne nach dem Sinn dieses Gedichts? Ist sein Dasein immer ein Wunder, ist sein Entstehen ein Wunder, so ist uns doch ein Sinn in ihm. Hast du jemals auch nach diesem Sinn gefragt?

Rudolf: Es ist das Leben selbst, das den Sinn dieses Gedichtes ausmacht. Anders vermag ich ihn nicht zu deuten. Was ist daran, wenn wir den Roman einen Eheroman nennen? Damit ist so wenig gesagt. Eher ist er ein Lebensroman zu nennen, in dem das Schicksal in seiner ganzen Breite sichtbar geworden ist. Vielleicht hängt damit auch die Zeitlosigkeit zusammen. Du hast sicher auch immer wieder empfunden, wie sehr – laß mich ein abgebrauchtes und verdorbenes Wort gebrauchen – modern dieses Gedicht ist, das will sagen, wie sehr es ohne Zeit ist und darum allen Zeiten zugehört. So auch unserer Zeit.

Leopold: Ohne Zweifel, aber du darfst nicht übersehen, daß es doch auch ganz seiner Zeit, der Zeit des Dichters, verbunden ist. Es gibt uns Leben und Gewohnheiten, Sitten und Gebräuche der Goetheschen Welt wieder, ja mehr, es birgt den Atem in sich, der jene Tage erfüllte ..., antikische Luft durchweht dieses Werk, die Gespräche sind nur aus einer gehobenen Sphäre hervorgegangen denkbar, alles ist im Grunde Goethes Zeit zu eigen, aber es berührt uns mit einer unverbrauchten Kraft, weil eben alles wahrhaft Große im Künstlerischen nur aus einer ewigen, zeitlosen Sphäre hervorbrechen kann.

Rudolf: Und doch auch mehr. Dieses gehört aller Zeit, aller Zeit in ihren Höhepunkten. Das eben ist das Zeitlose an diesem Werke, das Ewige, das Leben ist hier in einer vollendeten Form sichtbar geworden, das Leben ist in einem Höhepunkt gestaltet, so wie in Platons ,,Dialogen'', wie in Dantes ,,Comedia'' oder in jenen ewigen Werken aller Zeit. In ruhigen ebenmäßigen, schwerelosen Rhythmen strömt es an uns vorüber, ohne lauten Lärm, ganz verhalten, ganz in sich geschlossen. Alle Leidenschaft ist gebändigt, ohne darum ertötet zu sein. Nicht in Stürmen und nicht im Donner redet das Schicksal, sondern im ruhigen, abgeklärten Gange des Lebens. Gerade darin liegt für mich die Kraft der Dichtung.

Leopold: Da berührst du die Form des Werkes. Aber gerade hier gibt es keine Zweiheit von Stoff und Form. Das Schicksal ist es, das sich seine Form gesucht und gefunden hat. Gnade des Dichtertums waltet ihm inne, wie kaum in einem anderen Werke Goethes. Wie wundervoll ist die Sprache, wie rein, klar, leuchtend; alles auf dem schmalsten Raum voll und ganz erschöpfend. Vollkommenheit deutscher Prosa. Wo ist ihresgleichen? Es ist möglich, daß andere Dichter im einzelnen leuchtender, farbiger, tönender ihre Prosa schufen... Goethe schuf die seinige, daß sie Schicksal zu fassen vermochte. So ward diese Prosa die Krönung des Werkes. Man kann diese Sätze nehmen, wo immer man will, immer sind sie von gleicher Vollkommenheit..., auch hier ist wieder das Antikische fühlbar. Und diese Vollkommenheit deutet aus der Sprache wiederum hinein ins Geschehen, daß so das wahrhafte Kunstwerk gebildet wird. Immer ist es das Vollkommene, was uns in der Kunst erhebt; in unseren neueren Zeiten ist uns eben dieser Begriff, dieses Verlangen nach dem Vollkommenen, abhanden gekommen, und darin liegt der allgemeine, alles zerstörende und verwirrende Verfall.

(Bisher hatte Annette schweigend dem Gespräch zugehört, in diesem Augenblick aber unterbrach sie die beiden.)

Annette: Ihr gebt euch demütig dem Werke des großen Dichters hin, ihr bewundert das Kunstwerk, das ihm gelungen ist, das ein gnadenhaftes Schicksal ihm schenkte, denn die Kraft, die ein solches Werk schafft, ist keine irdische allein, an ihr hat das Göttliche teil. Als Goethe diesen Roman schuf, war eine Gnade in ihm, heiliges Feuer durchglühte ihn; als sich ihm die Gestalt Ottiliens nahte, war das wohl einer der größten Augenblicke seines an großen Augenblicken so reichen Lebens. Um Liebe, Mutterschaft, Geburt und Tod, ja um die Verklärung über den Tod hinaus geht dieses Leben.

Ausgesprochen und unausgesprochen berührt es alles, nicht Jahre sind in ihm, nicht Monate und Tage, sondern alles ist ewig, und jeder vergängliche Augenblick, jede vergängliche Gebärde ist ein Teil dieser dichterischen Ewigkeit, aus der alles Leben kommt, in die alles Leben geht. Ottilie..., sie muß ich wohl am meisten lieben, wie wollte man sie anders begreifen als durch Liebe, sie kommt von allen Goetheschen Gestalten am reinsten und unberührtesten aus der Ewigkeit, um wieder in die Ewigkeit zu gehen. Sie ist das Opfer des Lebens. Das Ewig-Weibliche, hier ist es sichtbarer als in allen anderen Frauen seiner Welt. Gesegnet sei der Augenblick, da sie Goethe begegnet, so daß sie sein eigen werden konnte. Für mich ist es etwas wunderbar Schönes, immer wieder diesen Augenblick auszumalen, ich könnte mein Leben darüber hinbringen. Viel Leid mag Goethe in Frauenherzen gebracht haben, als diese Gestalt zu ihm kam und er sie nicht von sich stieß, sondern in dieser Dichtung bewahrte, da hat er all jenes Leid gesühnt. Ist dieser Gedanke nicht von einer versöhnenden Schönheit? Ottilie... mater dolorosa... steht sie nicht zwischen Gretchen und Klärchen, zwischen Eugenie und Eleonore als die Hehrste? Hier unter uns und doch immer entrückt? Nicht irdisch, sondern himmlisch, nicht der Zeit gehörend und doch aller Zeit hehrstes Bild der Frau, überall waltend und doch nie zuvor von einem Dichter so geschaut, so gestaltet. Aber nur, weil er sich nach ihr sehnte, kehrte sie bei ihm ein, nur weil er sie liebte, konnte er sie halten.

Ihr habt davon gesprochen, daß wir der Minna Herzlieb diese Dichtung danken..., wie groß muß dann diese Seele gewesen sein! Eher noch möchte ich glauben, daß hier Goethes Liebe zu vielen Frauen seines Lebens Eins geworden ist, daß sie sich sammelte, bis sie Ottilie schuf. Und noch eines: die ganze Welt dieser Dichtung; das was ihr Atmosphäre, Schicksal nanntet, was man auch Mythos nennen könnte, diese Welt der Tragik ist mit die Welt Goethes. Seine Liebe hat sie sich geschaffen, darum ist sie für ihn in dieser Dichtung Wahrheit, Wirklichkeit geworden. In keiner einzelnen Person hat er sich selbst dargestellt, aber in dem ganzen Werke ist keine Zeile, die nicht sein Wesen trüge und seinen Atem. Hier ist sein Leben durch die Gnade dem ewigen Leben der Dichtung verflochten.

Leopold: Du berührst das Geheimnis. Dieser Roman ist ja nicht meßbar mit den Begriffen der Kunst und der Literatur, obwohl alle Begriffe, die wir in uns tragen, hier eine höchste Vollendung erhalten, viel eher verlieh diesem Werk jenes Unnennbare, die Gnade, die den Dichter beseelte, sein hohes Maß an Vollkommenheit.

Annette: So ist dieser Roman ganz deutsch, in jenem Sinne, daß sich in ihm um alle Vergänglichkeit immer die Ewigkeit schlingt, daß immer wieder zwischen dem Sterblichen das Unsterbliche sich erhebt und daß eines vom andern nicht lassen kann, daß gerade das Ewige, das Unsterbliche alle Verbindungen im Menschlichen ergreift und den Menschen aus dem Sterblichen in die Unsterblichkeit hebt. Wenn diese Menschen leiden, wenn sie dulden und scheinbar tatlos dem Schicksal verfallen, so ist dies doch nur das Äußerliche, in ihrem Innern wogt ein Kampf, der gewaltig ist und groß..., sie tragen das Leid der ganzen Menschheit, der ganzen Zeit, sie beugen sich unter seiner Last, stumm und in erhabener Fassung, kein Schrei dringt aus ihrem gepreßten Munde, keine verzerrte Qual geht über ihr Antlitz..., so ist Ottilie eine Priesterin, Priesterin jener tragischen Religion des Schicksals, des stummen Leidens, das den Menschen erhebt, wenn es ihn zerstört, darum aber ist dieser große deutsche Roman ganz antikisch, ganz zugehörend den ewigen Werken der Menschheit.   *(1926)*

Goethes „Natürliche Tochter"

O diese Zeit hat fürchterliche Zeichen,
Das Niedere schwillt, das Hohe senkt sich nieder
Als könnte jeder nur am Platz des andern
Befriedigung verworrner Wünsche finden,
Nur dann sich glücklich fühlen, wenn nichts mehr
Zu unterscheiden wäre, wenn wir alle,
Von einem Strom vermischt dahingerissen,
Im Ozean uns unbemerkt verlören.

Goethe

Wir, die wir als Zeitgenossen ungeheurer gesellschaftlicher, geistiger und politischer Umwälzungen versuchen müssen, das sich Wandelnde nach seinem Sinn zu fragen, das Werdende zu deuten, haben, vielleicht wie kein anderes Geschlecht vor uns, die Möglichkeit, diese erhabene, edle und adelige Schöpfung Goethes reiner und tiefer, als das bis heute geschehen ist, zu verstehen und zu erleben. Immer wieder wurde diese Dichtung, die zu dem Schönsten zählt, was Goethe schuf, verkannt und mißdeutet. Schon die Zeitgenossen standen ihr ferne, und fremd blieb sie in der Landschaft des deutschen Geistes, ihre menschliche Größe und ästhetische Schönheit ging nur ganz wenigen auf und wurde von diesen mehr geahnt als erkannt oder geschätzt. Zuzugeben bleibt, daß sich diese durch und durch gestaltete Dichtung nicht leicht und schnell erschließt dem, der nicht alle geistige Leidenschaft und alle Seelenkräfte, vor allem aber alle Liebe aufwendet, um sich ihr in Reinheit und höchster Sammlung des Gemütes zu nähern. Denn Reinheit und Sammlung, das ist das Erste, das der erkennt, dem sich einmal diese Welt auftat. Wir wissen, daß Goethe in dieser Dichtung sein Verhältnis zu der durch die Französische Revolution hervorgerufenen Weltumwälzung zu gestalten versuchte. Er hat auch in anderen Schöpfungen („Der Großkophta", „Der Bürgergeneral" und besonders in den Schlußteilen der „Campagne in Frankreich") zu den Welterscheinungen, die sich an diese politischen und menschheitlichen Umwälzungen knüpften, Stellung zu nehmen versucht, aber niemals war diese Auseinandersetzung auf eine so erhabene und reine, so weite Sicht gewährende menschliche Höhe erhoben worden wie hier in diesem Drama, das freilich kein gültiges Drama im Sinne dramatischer Musterschöpfungen ist, das vielmehr als Dichtung schlechthin zu fassen bleibt. Im Gegensatz zu den sogenannten klassischen Dramen „Iphigenie" und „Tasso", denen die „Natürliche Tochter" durch den edlen Stil der Sprache wie der Gesamtkomposition und der geistigen Haltung verwandt ist, stellt Goethe in dieser Dichtung nicht eine persönliche Lebens-Konfession dar. Die Dichtung entsprang ihm nicht aus dem schicksalhaften Boden eines eigenen, innersten Lebenskonfliktes, sondern versucht, eine welthistorische Wendung, den Umsturz einer Zeitepoche darzustellen, freilich nicht gesehen und sichtbar gemacht am anonymen und ungreifbar wogenden Strome der Menschheit, sondern gesehen in der Wirkung auf Einzelgestalten, die zunächst für einzelne Gruppen und Stände, einzelne Gesellschaftsschichten, darüber hinaus aber für das Menschliche schlechthin stehen. Keine der namenlosen Gestalten läßt sich mit dem Dichter selbst identifizieren, obgleich er der Heldin seines Werkes, wie er selbst gesteht, mit großer Liebe anhängt. Dennoch fühlen wir in der geistigen Luft, die dieses Werk durchzieht, überall die Atmosphäre, die den Dichter umgibt, und diese bestimmte Atmosphäre ist es, die dem Werke seine Größe, seine erhabene geistige Haltung leiht. Wer sie nicht empfinden und erleben kann, dem wird dieses Gedicht für immer fremd und kalt bleiben, es wird ihn nichts berühren als die zu letzter Schönheit sich erhebende Sprache, als die Fülle der magischen und lenkenden Weisheit, die der Dichter nicht als totes Gut, sondern als lebendige Kraft seinem Werke einschloß und die in einzelnen Versen als gültige Einsicht zu allen Zeiten in vieler Munde ist. In diesem Sinne wurde das Gedicht immer wieder mißverstanden, und es konnte geschehen, daß es fast unbekannt blieb und gemieden wurde selbst von solchen, die dem Werke Goethes hohe Achtung zollen.

Heute indessen, so meinen wir, müsse auch dieses Werk ins lebendige Bewußtsein der Nation eingehen; ist doch in ihm etwas Gestalt geworden, was uns selbst wie ein aufschäumendes, unruhiges, grenzenloses Meer gestaltlos umrauscht, von dem wir noch immer nicht wissen, ob es uns in seinen Wirbel reißen werde, so daß aller Grund, auf dem wir stehen, für immer verloren werde: der Niedersturz einer Weltepoche, das Vergehen einer Ordnung, das Kommen einer neuen, erst in schwanken Umrissen sich andeutenden Zeit. Es ist freilich, das muß zugestanden werden, nicht leicht, Kern und Mitte des dramatischen Problems zu erkennen, vielmehr scheint diese Dichtung aus einer Kette von Motiven zu bestehen, die mit einer solchen menschlichen Größe konzipiert sind, daß eben in dieser Folge ein ganzes Weltbild zu erkennen ist. Stellt aber nicht Eugenie selbst die ruhende Mitte dar, eine plastisch geschaute und gestaltete Figur, in deren Seele sich die wogende und werdende Welt spiegelt? Wir fühlen, je länger wir mit dieser Gestalt umgehen, daß der Dichter ihr ein Unendliches an Liebe zuwandte, und so wuchs sie zu dieser Gestalt empor, deren erhabene und ruhende, in sich gesammelte und geschlossene Schönheit und Seelenhaltung uns ergreifen muß. Man hat das Werk eben um dieser Haltung willen oft ein kaltes und marmornes nennen hören. Unbegreiflich scheint dieses Urteil, wenn wir uns an die Liebe erinnern, die, von dieser Mitte-Gestalt ausgehend, in uns einströmt. Es ist nicht die ruhelose, drängende und verlangende Liebe der Jugend, es ist die Liebe des reifen Menschen, die das Werk erfüllt und in der schönsten Bindung, der der Tochter an den Vater und des Vaters an die Tochter, sichtbar wird. Und eben diese Beziehungen von Vater zu Tochter, vom Herzog zum König und von der Tochter zum König, sie tragen das Werk und geben ihm die Erhabenheit, die mit klassischer Ferne und marmorner Kühle und Kälte unzulänglich benannt ist. Denn es sind darüber hinaus die vielfältigen anderen Lebens-Mächte gegenwärtig, wenn auch das Böse und Lebensfeindliche schlechthin in der Gestalt des Sohnes, der nicht gegenwärtig erscheint, nur angedeutet wird. Die Gewalten dagegen, die eine gestaltete Welt zerbrechen, sind überall spürbar, freilich nicht als mächtig aufbrechende Woge, nicht als brausender Sturm, nicht als entfesselte Leidenschaft des Volkes, des anonymen Einzelnen, sondern in der zartesten aber darum kraftvollsten Sublimierung in einzelnen repräsentativen Gestalten. Da ist die Gestalt des gütigen, aber schwachen Königs. Wer begreift sie nicht heute besser als vor einem Vierteljahrhundert? In ihm erkennen wir den bedrohten Staat, der irgendwie schon von innen her aufgelöst ist. Da sind die Intriganten aus dem Bereich des Beamtenstandes und der Geistlichkeit, schon vom Volkskörper losgelöste Glieder mit eigener absoluter Gewalt; da sind die im Unsichtbaren das Leben des Volkes lenkenden ehemaligen Staatsführer, die nicht mehr das Staatsschicksal, sondern das eigene persönliche Schicksal als das Höchste erkennen. Da tauchen die vielfältigen Fäden auf, gesponnen von den Intriganten zur Geistlichkeit, hinabdringend bis in die scheinbar unschuldige Welt des Klosters. So laufen von Gestalt zu Gestalt Verbindungen, Fäden vergleichbar, die sich mit anderen Fäden treffen und kreuzen und zum Netz schließen. In diesem von einem unsichtbaren Netz umschlossenen Raum vollzieht sich zwar nicht die die Sinne ergreifende Handlung, wohl aber das unsäglich feine und notwendige Geschehen, das mehr von den geistigen Antlitzen der Figuren abgelesen als im Realen erkannt werden muß. All das, wir sagten es schon, fordert von uns immer neues Bemühen, immer neues Überwinden der kleinen Welt unseres beschränkten Horizontes, bietet uns als Geschenk immer weitere Sicht in menschliche Seelenlandschaften, gewährt uns ergreifenden Umgang mit Gestalten, die das Schicksal lenkend selbst vom Schicksal gelenkt werden. Wer es vermag, diese Reden und Gespräche, die fast alle auf ein Höheres, Objektives, über die einzelnen Gestalten Erhobenes hindeuten, in seine Seele aufnehmend, in ein Sinnliches zu verwandeln, der wird plötzlich erkennen, wie er hineingerissen wird in die kühnsten Wirbel, hier freilich nicht verwirrt und verblendet, sondern ergriffen das Schick-

31

sal in seinem Wirken spürend. Was sich so vollzieht, ist uns heute Lebenden nahe wie kaum ein Gedichtetes aus vergangener Zeit; wir erkennen, wie das Zeitlose, allen Zeiten Zugehörige sich in diesem Wirbel behauptet, wie es lebendig zu sprechen vermag zu jenen, die auch im schwankenden Weltaugenblick sich an das Ewige wenden und nicht beirrt werden durch das Schwankende und Sichverflüchtende, sondern sich halten im Glauben an das Währende und das Gültige.

Was aber erkennen wir als das Gültige, was als das Währende? Schwer ist darauf die Antwort zu geben, denn im Gedichte selbst wird sie vom Dichter nicht eindeutig formuliert, vielmehr müssen wir sie suchen, müssen sie erkennen in der reinen Gestalt Eugeniens, in der der Dichter nicht sich selbst, sondern die Idee dessen darzustellen versuchte, was er jenseits des Weltsturzes als das Währende sah. Wie in allen großen Werken Goethes ist es Liebe und Verzicht, die über allem Schwankenden das Beharrende zeugen. Liebe, waltend zwischen Vater und Kind, zwischen Eugenie und der Hofmeisterin, zwischen Eugenie und dem Gerichtsrat, und endlich auch zwischen Eugenie und dem König und darüber hinaus zwischen Eugenie und einer neuen Weltordnung. Liebe, immer andere, zartere Lebenskräfte bewegend, immer andere Weltkräfte lösend, bewährt sich als gültige Bindung über allem Sich-Lösenden aber nur dann, wenn sie sich zu binden vermag mit dem Verzichte.

So ist die Darstellung des Verfalls einer Weltform, als welche wir den Inhalt des Gedichtes erkennen dürfen, überragt von der Darstellung menschlicher Einzelkräfte, die in jeder der Figuren sich kreuzend oder parallel gehend wieder auftauchen. Alle Einzelheiten, die Reden sowohl wie die durch sie geschaffenen Bindungen, die Handlungen sowohl wie das Erdulden des Schicksals, deuten auf das Ganze hin; dieses Ganze aber verlangt nach einem Ferneren: den nicht vollendeten Teilen der geplanten Trilogie, über die uns nur mancherlei nicht eindeutige Skizzen vorliegen. Wir aber müssen am Vorhandenen Genüge finden, und dieses gewährt uns wahrhaft Großes, indem es das gewaltigste menschliche Geschehen, die Wandlung gesamtmenschlicher Lebensformen, historischer Staatsformen gestaltet.

Es sind vielerlei Einwände gegen das Werk erhoben worden, von denen die zahlreichsten sich gegen die Form wenden, durch die das Geschehen aus dem Raume der Realität nicht schlechthin in den der Idealität, wohl aber einer gültigen Zwischensphäre: eben den einer großen Kunstgestaltung, gehoben wurde. Es ist schwierig, solchen Vorwürfen entgegenzutreten, da der, der solches versucht, die Ebene verlassen muß, auf der er sich mit dem Kunstwerk befindet, während er auf der neuen Ebene nicht mehr die Fähigkeit hat, sich für dieses zu streiten.

Wer indessen um Goethes Wesen und um sein Verhalten gegen Kräfte wie die, welche den Weltsturz herbeiführten, weiß, der wird zugeben müssen, daß er nur in dieser Form einem solchen Geschehen begegnen konnte. Indessen darf uns nicht beirren, was eines großen Schöpfers reinste Absicht war; vielmehr ist es an uns, uns zu seinem Werke zu erheben, um in ihm das zu erkennen, was er darein geschlossen hat, und dies ist in unserem Falle sehr vieles und voll tiefer Symbolik. Wir besitzen keine dichterische Schöpfung großen Stiles und gültiger geistiger Haltung, in der wie in der ,,Natürlichen Tochter'' eine Weltwende, das Schicksal einer stürzenden Weltordnung, so groß und leuchtend, so gewaltig und ergreifend, so rein und auch gültig gestaltet wurde wie in diesem Gedicht. Aber erinnern wir uns daran, daß dieses Gedicht als Drama konzipiert ist, so fragen wir uns, ob es jemals auf die reale Bühne gerufen werden könne. Wir wissen, daß der Versuch unternommen wurde, aber immer wieder mußte erkannt werden, daß die Zahl derer, denen das Werk sich in seiner ganzen Größe auftat, eine geringe war. Dennoch möchte uns erscheinen, es sei in dieser Epoche die Bereitschaft, ein selbsterlittenes Geschehen, von einem gewaltigen Schöpfer dargestellt, zu empfangen, eine erhöhte. Zwar würden diejenigen, die es wagten, dieses Werk auf eine intime Bühne zu bringen, nicht lauten Beifall erwarten dürfen, aber der Dank der Besten müßte ihnen gewiß sein. Wir sind wohl nicht zu allen Zeiten fähig, das Höchste zu fassen, aber es sind uns seltene Stunden gegeben, darinnen wir auch das Höchste zu erleben und zu ergreifen die Sammlung in uns tragen, und das sind dann wahrhafte Feier- und Feststunden. Solche könnten uns zuteil werden, wenn sich aus diesem Gedichte als lebendiges Gleichnis ein Spiel entrollte. Freilich verlangte es von denen, die sich ihm hingeben – sowohl als Spielende, wie als Empfangende – höchste Liebe; aber reich müßte der Gewinn sein, den wir empfangen dürften; denn jenseits der rein sprachlichen Schönheit, die auch diejenigen anerkennen, die dem Gedichte ihre Liebe nicht schenken, müssen wir die seelenbildende und lebenlenkende Kraft verspüren, die von ihm ausgeht. So scheint dieses Gedicht dem, der sich ihm erstmals naht, eine fremde Welt zu umschließen, aber wer sich müht, aus seiner Seele eine Brücke in jene gestaltete Welt zu schlagen, dem werden sich Tore zum Leben auftun, und er wird erkennen, daß jenseits dessen, was er als kalte marmorne Schönheit bewunderte, das wahre Leben atmet, das sich freilich nicht in seiner Zerstreutheit und Zerklüftung offenbart, sondern schon wieder durch eine errungene Form gesammelt vor uns steht, und diesem Leben wird er seine Liebe nicht verweigern können. Vielleicht bedürfen wir, wie kein Geschlecht vor uns, gerade eines solchen erhabenen Beispiels, an dem wir ablesen, wie das Niederfallende eine reine Seele ergreift, an dem wir aber auch ablesen, wie es sich von neuem bindet, dadurch, daß das Zeitliche dem Zeitlosen sich vereinigt, das Gegenwärtige das Ewige sichtbar werden läßt. Denn jede Zeit wird in Atem gehalten durch das Verbundensein und Sich-Lösen der beiden Mächte, und in jenen Weltepochen, in denen diese im Kampfe liegend einander widerstreben wollen, sprechen wir vom Verfall einer ablaufenden Zeit. Unsere Zeit ist von solcher Art wie jene, die Goethe zur Gestaltung der „Natürlichen Tochter" bewegte, und darum wollen wir uns erneut diesem Werke zuwenden und die in ihm beschlossenen, lebenlenkenden Kräfte und magischen Lebensweisheiten nicht ungenützt liegen lassen; denn keine Nation vergißt ungestraft jene höchsten Kronschätze, die ihr von den großen Gestaltern ihres Lebens zuteil wurden, und ein solcher Kronschatz ist uns dieses edle Werk, das, wie kein anderes von Goethe, vor uns des Weltschicksals Walten zeichnet. *(1929)*

Goethes Leben

Es ist schwer festzustellen, wie stark und wie fruchtbar das Verhältnis der Nation in diesem Augenblick zu der Gestalt ist, in der sich die deutschen Möglichkeiten am vollendetsten in *einem* Menschen offenbarten: zu Goethes Werk und Leben. Es wäre sicherlich ein Irrtum, zu glauben, von seiner Gestalt gehe eben, da es um seinen Namen verhältnismäßig still geworden ist, eine geringere Wirkung aus als zu der Zeit, da er laut genannt und wahrscheinlich recht wenig gelesen wurde. Andererseits aber scheint es mir auch, als erinnere sich die Nation und vor allem die Jugend doch zu wenig dessen, was sie Goethe verdankt. Auch heute muß sich unser Volk und vor allem unsere Jugend mit Goethes Welt auseinander setzen, und zwar nicht, wie es bisher so oft geschah, mit dem einen oder dem anderen Teil seines Werkes, etwa dem jungen oder dem alten Goethe, sondern mit seinem Gesamt-Werk, seiner gesamten Lebensleistung. Denn gerade darin sind die vielfältigen deutschen Möglichkeiten Gestalt geworden. Wir werden uns an ihm und seiner Welt zu bewähren haben und werden, was er uns als ein schier unerschöpfliches Erbe überließ, ernsthaft zu prüfen haben, wie weit es uns auf dem Weg in die Zukunft helfe.

Darum möchte ich hier ein paar Worte über Goethes Leben niederschreiben. Es will mehr ein Bekenntnis als eine Deutung sein. Im Jahre 1932, als die Nation und die gesamte kulturelle Welt sich des 100. Todestages Goethes erinnerte, erschien unter der Überfülle des Schrifttums über Goethe ein kleines Bändchen der Inselbücherei: ,,Chronik von Goethes Leben'', zusammengestellt von Flodoard Freiherrn von Biedermann. Für mich, und ich glaube für viele andere gehört dieses Bändchen zu dem Ergreifendsten und Bedeutendsten, was je über Goethe erschienen ist. Das Buch enthält nichts weiter als auf 85 Seiten einfache, schlichte Daten aus Goethes Leben. Es beginnt mit dem 28. August 1749 und endet mit dem 22. März 1832. Man kann dieses Buch immer wieder lesen, und ich wüßte von mir nicht zu sagen, wie oft ich es bereits gelesen habe. Jedesmal aber, das weiß und gestehe ich, legte ich es mit tiefer Ergriffenheit aus den Händen. Welch eine Gewalt haben diese einfachen Daten und Tatsachen! Hier wird von einer menschlichen Lebenswanderung durch die 83 Jahre eines irdischen Daseins mit den knappsten Mitteln, die es gibt, berichtet. Wir hören von Goethes Arbeit, von seinem Leben, seinen Reisen, seiner Lektüre, seinen Besuchen. Aber das alles ohne jede Erläuterung. Doch welch ein Leben steigt da vor uns auf! Oft sind einzelne Tage und Stunden genannt: Sternstunden des Schicksals sind mit nichts anderem als dem Datum festgehalten. Aber für uns, die wir diese Zeilen lesen, steigt etwas auf, das alles Deutbare übertrifft. Wir erleben das Unvergleichliche, wir begleiten einen einmaligen Menschen in die Unermeßlichkeit eines Kosmos, einer Welt, deren Schöpfer und Mitte er war, wir sehen ihn wachsen und reifen, wir spüren, wie ihm von allem, was die Erde dem Menschen damals bot, nichts fremd bleibt. Er hat Gewalt über das Wort und schafft Menschen und Welten im Wort, er ist Dichter. Er nähert sich den Geheimnissen der Natur und weiß die Kraft dieser Geheimnisse den Menschen fruchtbar zu machen, er ist Forscher und Deuter, Wissender und Weiser. Er hat aber auch Gewalt über die Menschen, er liebt sie und verwandelt sie, er erhebt sie und stößt sie von sich, wenn sie dem Gesetz seiner Welt fremd sind, er ist ein Führer und ein Bildner. Er wandert durch die Zeit, und alles, was in dieser Zeit groß ist, wird von ihm angezogen. Die Menschen kommen in sein Haus: Kaiser und Könige, Künstler und Gelehrte, Forscher und Denker, Staatsmänner und Soldaten, Reisende und Weltleute, Handwerker und Bauern, alle kehren sie bei ihm ein, und er ist plötzlich die Mitte der Welt. Und wer nicht selbst erscheint, dessen Geist, dessen Kraft ist gegenwärtig und wirksam in seiner Welt.

Wir sehen diesen Menschen in allen Lebenslagen: als Kind und als Jüngling, als Liebenden und Entsagenden, als Staatsmann und Forscher, als Weisen und Irrenden. Wir sehen ihn in die Bergwerke steigen und im Heerlager beim Wachtfeuer sitzen. Nichts ist diesem Sterblichen fremd, dessen Weg ein Weg in die Mitte des deutschen Lebens ist.

Aber es läßt sich auch damit noch nicht erklären, warum diese einfachen Daten solche Gewalt über uns haben, warum von ihnen etwas wie ein Zauber ausgeht: so daß wir, sie lesend, die unmittelbare Gegenwart des Genius fühlen. Hier ist nichts Konstruiertes, nichts gewaltsam Gefügtes und einseitig Gedeutetes, hier ist alles in seiner einmaligen Ursprünglichkeit, in seinem unmittelbaren Leben gegenwärtig: Das Leben, wie es von Tag zu Tag, von Jahr zu Jahr wuchs, das Suchen und Forschen, das Lieben und Kämpfen mit der Welt und dem Werk, das Finden und Irren, der Sieg und die Niederlage. Diese Daten berichten von dem Leben eines Menschen, aber sie künden auch von dem Werden eines Zeitalters, das sich hier wie in einem Brennspiegel sammelt.

Dieses Leben ist vorbildlich und verpflichtet zugleich, es mahnt uns, alle unsere Kräfte zu gebrauchen. Es duldet keine Schwäche und keinen Genuß, es ist ein Leben der Arbeit, des Kampfes, der Sorgen und der Mühe, es ist ein Leben der Pflicht und der Tat. Niemand dürfte es wagen, ein solches Leben bewußt nachzuleben; aber jeder von uns sollte sich einmal unter dieses Vorbild und seine Verpflichtung stellen; jeder muß sich einmal durch dieses schlichte kleine Buch anrühren lassen; er wird hier erfahren, was es heißt, ein Leben wirklich zu leben, und wird spüren, welche Möglichkeiten in einem Leben liegen. Gewiß, das Leben Goethes ist unvergleichlich und einmalig, aber es ist dennoch das Leben eines deutschen Menschen, der seine Lebenskraft aus unserem Volke und unserer Erde nahm. Er steht für uns. Das Größte aber, was von diesem kleinen Buch ausgeht, ist die Ehrfurcht.

Es kann möglich sein, daß gegen vieles Einzelne im Leben und Werk Goethes Einwände zu erheben sind; es ist möglich, zu sagen, dies oder jenes Werk spreche nicht mehr zu uns; es ist auch möglich, diese oder jene Handlung Goethes zu verurteilen, die eine oder die andere Haltung in gewissen Lebensaugenblicken abzulehnen. Aber es wird nicht möglich sein, sich diesem Leben als Ganzem gegenüber zu entziehen oder auch nur gleichgültig zu sein. Sollte es wirklich geschehen, daß die Daten, wie sie in dem kleinen Buch festgehalten sind, nicht mehr die Menschen ergreifen und in ihren Bann ziehen, dann allerdings müßte festgestellt werden, daß in unserem Volke eine Entfremdung gegen unser eigenstes Selbst eingetreten ist. Aber ich glaube nicht, daß das je geschehen wird. Ich glaube vielmehr, daß es immer wieder Menschen geben wird, die vor dieser Lebensmagie ergriffen und erschüttert, ehrfürchtig stehen werden. Sie werden immer wieder die schlichten Daten lesen, und während sie das tun, wird sich ihnen ein Lebens- und Geistesraum öffnen, aus dem ihnen eine Kraft entgegenströmt, die sie stolz und demütig, stark und froh zugleich macht: die Kraft der Welterfahrung und Weltgestaltung, der Weltdurchdringung und Weltüberwindung durch einen deutschen Menschen. Und wer dieses kleine Bändchen der ,,Chronik von Goethes Leben'' wahrhaft zu lesen versteht, der wird erleben, was Wilhelm Raabe einmal sagte: ,,Goethe ist der deutschen Nation gar nicht der Dichterei usw. wegen gegeben, sondern, daß sie aus seinem Leben einen ganzen vollen Menschen von Anfang bis Ende kennenlerne. Keinem anderen Volk ist je ein solch Geschenk von den Himmlischen gemacht worden.''

Das Leben des abendländischen Menschen droht auseinanderzufallen, volles Menschentum im Sinne Goethes wird immer seltener, ein sich täglich steigerndes Spezialistentum auf allen Lebensgebieten reißt die Menschen von der Mitte des Lebens los.

Es ist kein leichter Weg, dieser Weg in die Zukunft, nur die Besten sind als Führer für diese Jugend gerade gut genug. In dieser Stunde aber wird es notwendig sein, sich auf Goethe zu besinnen und zu fragen, was er uns und besonders dieser Jugend sein könne, und ich glaube, gerade das verpflichtende Beispiel seines Lebens habe die Kraft und die Fähigkeit, die Jugend emporzureißen zu einem Leben, das, einer unsichtbaren, aber unendliche Kraft ausstrahlenden Mitte verbunden und allem Lebendigen offen, ein wahrhaft erfülltes und den Forderungen der Gegenwart wie der Zukunft gewachsenes Leben sein wird.   *(1936)*

Goethes West-östlicher Divan

Denn das Leben ist die Liebe,
Und des Lebens Leben Geist.

Mir bleibt genug! Es bleibt Idee und Liebe!

Goethe.

Wer die abendländische Lyrik überschaut, wer sich in die unvergänglichen Kostbarkeiten vertieft, in denen die Seele der Völker Wort und Klang geworden ist, der wird eine Provinz gewahr werden, über der der Name Goethes steht, und er wird darin die eigentümliche deutsche, aber auch die allgemeine abendländische Stimme vernehmen. Er wird ergriffen und bewegt sein von der Fülle der Töne, die sein Ohr vernimmt, wie auch von der Fülle der Gedanken, der Gefühle und Erlebnisse, der Ahnungen auch, die hier gestaltet worden sind. Goethes Werk, vielgestaltig wie kein anderes des abendländischen Schrifttums, ist nach seinem eigenen Wort eine große Lebensbeichte, eine Konfession. Nur was ihn bewegte, was ihn beseligte und quälte, was ihn erhob und was ihn zu zerbrechen drohte, was er dachte und schauend ahnte, schloß er ins dichterische Wort. So wurde er, dessen Werk sich freilich niemals in seiner Lyrik erschöpfte, zum großen Lyriker des deutschen Volkes, zu einem großen Dichter des Abendlandes. Früh findet der Jüngling den eigenen Ton, früh beginnt er zu singen und zu sagen, was ihn bewegt; ein Leben lang bleibt das Gedicht Begleiter seiner Tage, und es wäre ohne Mühe an Hand seiner Lyrik eine Art innere Biographie zu schreiben. Begnadete Stunden schenken ihm einzelne Lieder, lassen ihn in vielerlei Formen und Maßen aussagen, was seine Seele erfüllt, was sein Herz entzündet. Im Gedicht wird ihm der Augenblick zur Ewigkeit, im Gedicht erscheint des Dichters Leben und Schicksal, Hoffnung und Verzweiflung, Glaube und Gedanke, das Gedicht enthält seine Einsamkeit und seine Welt-Ergriffenheit, seine Demut und seinen Stolz.

Große Erlebnisse, hinausgreifend über den einzelnen fruchtbaren Augenblick, fügen sich zum Kreis und zum Zyklus. Die entscheidende Wendung, die ihm den Abschluß der Jugend und den Beginn des reifen Mannesalters schenkt, die Reise nach Italien, eine Reise auch zu sich selbst, findet ihren Niederschlag unter anderem in den Zyklen der *Römischen Elegien* und der *Venetianischen Epigramme*. Die Leidenschaft, die Minna Herzlieb in dem reifen Manne entzündet, durchglüht einen Sonettenkranz von siebzehn Sonetten. Diese und andere kleinere in sich geschlossene Gruppen von Dichtungen stehen innerhalb des weiten Bereiches Goethescher Lyrik, wie sie aus begnadeten Tagen geboren wurden. Ihnen fügt der reife, im siebenten Lebensjahrzehnt stehende Mann ein lyrisches, in sich geschlossenes zyklisches Werk an, das so fest in sich selbst ruhend nur schwer einem anderen Werke verglichen werden kann: Der *West-östliche Divan*. Wir zögern, es auszusprechen, aber wir müssen es bekennen, daß dieses Werk als Ganzes, und als solches will es nach der Absicht des Dichters wie nach der inneren Struktur seines Werdens und Seins ergriffen werden, das am wenigsten bekannte, vielleicht das am meisten verkannte der Goetheschen Werke ist. Der Gründe dafür gibt es mancherlei, wir nehmen nur den einen vorweg und bekennen, daß diese Dichtung nicht für jede Stunde geschaffen ist, daß es vielmehr einer inneren Bereitung bedarf, um sie in der ganzen Tiefe ihres Gehaltes zu fassen. Sie will, wie alles Außerordentliche in der Kunst, wahrhaft umworben und errungen sein. Wer aber den Weg zu ihr gefunden hat, dem tut sie sich in ihrer vollen Vielfalt, in ihrer Weite und Tiefe auf, den belohnt sie mit all der Fülle und Schönheit, die sie zu verschwenden hat. Ein Irrtum aber wäre es, wollten wir verkennen, daß es des vertrauten Umgangs mit dem Wesen des Dichterischen bedarf, um der Schönheit dieses Werkes teilhaftig zu werden.

Wer den Weg zu der Dichtung Goethes sucht, der findet ihn am leichtesten, indem er, von seinem Leben und Schicksal ausgehend, zur Dichtung vorstößt, denn es gibt kein großes Werk dieses Dichters, in dem nicht sein eigenes Leben Gestalt geworden wäre. Daß er dabei immer wieder in überlieferte Gehalte und Formen schlüpfte und sich scheinbar verhüllte, das kann nur den verwirren, der mit dem Wesen von Goethes Schaffen nicht vertraut ist. So mag es auch der erste Irrtum sein, den wir zerstreuen wollen, indem wir die lässige, oberflächliche Auffassung beiseite schieben, die davon spricht, Goethe habe hier ein leichtes Altersspiel mit fremden Formen getrieben, er sei in fremde Gestalten geschlüpft und habe ferne Sphären aufgesucht, weil es eben damals die Fremde war, in der die Deutschen ihr Heil suchten. Nur wer mit dem Wesen des Dichterischen im Sinne Goethes nur wenig vertraut war, durfte solche Gedanken ernsthaft aussprechen. Wir wissen, daß ein solcher Vorwurf gegen Goethe nicht erst in dem Augenblick erhoben wurde, da er den *West-östlichen Divan* vorlegte, wir erinnern uns, wie ihm auch jene erste Flucht nach Italien und all das, was sie für ihn zur Folge hatte, gewissermaßen verübelt wurde. Man sprach, als er *Iphigenie* und *Tasso* schuf, von einem Abfall von seinem eigenen Wesen und meinte, diese große Erfüllung als ein Verhängnis bezeichnen zu können. Wir wollen mit solchen Meinungen hier nicht rechten, sie zu widerlegen, hieße sich von der Welt Goethes entfernen, hieße die geistige Höhe verlassen, auf der sein Werk angesiedelt ist. Wir wollen nur darauf hindeuten, daß dieses Aufbrechen aus dem engen Lebensbereiche der Heimat für Goethe nichts Neues, aber wohl immer wieder ein Notwendiges war. Das Ergebnis aber eines solchen Aufbruchs haben wir im *West-östlichen Divan* vor uns.

Vergegenwärtigen wir uns einen Augenblick Zeit- und Lebenslage, aus der heraus diese Zyklen in einem wundervollen und kaum vergleichbaren Aufbruch lyrischer Gestaltungskraft geboren wurden, so erkennen wir alsbald, daß sie an einem entscheidenden Wendepunkt des Goetheschen Lebens entstanden sind. Eben war der dritte Teil von *Dichtung und Wahrheit* zum Druck gebracht worden, und die Arbeit des Sammelns und Sichtens eines unvergleichlich großen und weiten Lebenswerkes wurde fortgeführt und gefördert, große begonnene Arbeiten wie der zweite Teil des *Faust* gingen langsam, aber stetig vorwärts. Diese Arbeiten wurden getan, während in Europa jene Epoche zu Ende ging, der Napoleon ihr Gepräge gegeben hatte. Es ging aber auch die Epoche zu Ende, der Goethe und Schiller ihren Charakter verliehen hatten, die Epoche der deutschen Klassik. Die Jugend, seit anderthalb Jahrzehnten um die Erweiterung ihrer geistigen Provinz bemüht, schien den Sieg errungen, die Romantik die Klassik endgültig verdrängt zu haben. Es war für Goethe nicht eben das, was man einen glücklichen Lebensabschnitt nennen könnte, es war eine Zeit, reich an inneren Spannungen; das Leben in Weimar war ihm mitunter, und dies aus mancherlei Gründen, zur Last geworden. Der Zeitabschnitt war nur mit dem zu vergleichen, der seiner italienischen Reise unmittelbar voranging. Goethe war willens und bereit, abermals eine Flucht aus dem Bereiche dieser Spannungen zu wagen. Er hat sie gewagt, diesmal aber nicht nach Italien und in den Raum der griechisch-römischen Antike, sondern nur im symbolischen Sinne. Es war die Flucht in den Orient, von der die Eingangsverse des *West-östlichen Divan* Kunde geben:

> Nord und West und Süd zersplittern
> Throne bersten, Reiche zittern:
> Flüchte du, im reinen Osten
> Patriarchenluft zu kosten!

Der Orient, genauer gesagt, das orientalische Mittelalter, ist es, wohin sich Goethe wendet, um der abendländischen Sphäre, die ihm unleidlich geworden war, nicht nur zu entfliehen, sondern ihr neue Kräfte aus den uralten Quellen des Ostens zuzuführen, um Ost und West in einer höheren Einheit zu verbinden, von der man glaubte, daß sie einst bestanden habe. Der Orient war Goethe bisher keineswegs fremd gewesen; als Knabe und als Jüngling tat sich ihm unter Johann Gottfried Herders Führung vor allem die Poesie des jüdischen Volkes, wie sie in der Heiligen Schrift bewahrt ist, auf. Willig hat er sich aus diesem Reichtum angeeignet, was ihm gemäß war. Früh schon entstand der Plan, einen *Mahomet* zu schreiben, und immer wieder wendet er sich im Laufe seines Lebens dem Osten zu, so 1797, als er den früh begonnenen Aufsatz über die Bücher Mose wieder aufnimmt, der dann in den ,,Noten und Abhandlungen zu besserem Verständnis des West-östlichen Divans'' abgedruckt wurde. Nun kehrte Goethe abermals in den Orient zurück, nicht mehr als ein Einzelner, und doch als ein Einziger. Die Romantiker, vor allem Friedrich Schlegel, hatten die geistige Wanderschaft nach dem Orient angetreten und vielfältige Kleinodien aus dem unerschöpflichen Reichtum orientalischer Poesie vorgelegt. Dieser Aufbruch nach dem Orient und seinen Schätzen an Kunst und Kultur war aber nicht nur ein Zug des deutschen Geisteslebens, sondern ein Wesenszug des damaligen abendländischen Geistes schlechthin. Dieser neue Kultus des Orients ging indessen immer wieder auf die Bestrebungen Hamanns und Herders zurück, die als erste den Orient als die Quelle geistiger und künstlerischer Erneuerung bezeichnet hatten. Darum durfte Konrad Burdach, der große Erspürer dieser Zusammenhänge, mit Recht sagen: ,,Aus Hamann-Herderischem, aus Goethischem Jugendgeist ist dieser romantische Kultus des Orients geboren. Weder Chateaubriand, noch Lord Byron, noch Schelling, noch die deutschen Romantiker wären denkbar, ohne daß sie der Atem Goethischer Geniedichtung angeweht hätte. Es war eine selbstentfesselte Welle, die, nach Jahrzehnten mit gesteigerter Kraft zurückkehrend, den alten Dichter fortriß. Luft aus der eigenen weit zurückliegenden Jugendzeit, geschöpft von der damaligen Jugend, machte ihn an seiner eigenen Vergangenheit wieder jung, führte ihn zurück zu den Tendenzen einer längst überwundenen Epoche, bereitete seine poetische Wiedergeburt.'' Goethe ging also auf seinen eigenen Spuren, aber nicht nur auf diesen, er hat in den ,,Noten und Abhandlungen zu besserem Verständnis des West-östlichen Divans'' ausführlich ein Bekenntnis über Wesen und Umstände seiner Begegnung mit der Welt des Orients abgelegt und hat sich dabei dankbar zu denen bekannt, die ihm Führer und Helfer auf diesem Wege waren, vor allem dem Übersetzer des *Hafis*, Josef von Hammer-Purgstall. Aber mit diesen Hinweisen ist bei weitem noch nicht das Entscheidende über dieses Werk gesagt, dessen Größe in sich selbst ruht und dessen Sinn und Schönheit aus sich selbst erlebt werden will. Denn es ist nicht das von außen Kommende, das diesem dichterischen Zyklus seinen Wert und seine Würde verleiht, sondern das aus Goethes Seele und Goethes Geist Kommende, wie das gleichfalls Konrad Burdach erkannte: ,,Das Lichtlein Hammerscher Übersetzungsmühsal entzündete die prächtige Fackel einer neuen Lyrik, die mit *Hafis* wetteiferte, wie die *Römischen Elegien* mit Ovid und Properz gewetteifert haben. Es geschieht mit der Plötzlichkeit einer ausbrechenden Naturgewalt, mit dem Ungestüm einer Explosion, durch die lange gesammelter Zündstoff reißend emporlodert."

Wie Goethe aber einst nicht nach Italien gereist war, um dort nur ein fremdes Land, fremde Menschen und eine große Kunst, sondern um sich selbst zu finden, indem er suchte und fand, was ihm fehlte, so war er nun nicht in den Orient aufgebrochen, um diesen Orient um seiner selbst willen zu suchen, sondern um sich selbst in dem größeren Bereich der west-östlichen Welt wiederzufinden. Es gehört zur menschlichen Größe, daß der Mensch spürt, wessen er bedarf, und daß er sucht, was ihm fehlt. Dies hat Goethe allezeit erkannt. Er hatte manche geistige Provinz des Abendlandes durchschritten und suchte nun in einer Wendung seines Lebens, die mit dem Tode Schillers begonnen hatte, und im Augenblick, da die ersten Divan-Gedichte im Jahre 1814 niedergeschrieben wurden, noch immer fortwährte, eine neue Synthese seines Selbst mit Welt und Zeit. Er fand sie unter anderem in seiner Zuwendung zum Orient. West und Ost suchte er in sich selbst zu vereinen, er trachtete nach einer höheren menschlichen Einheit und glaubte sie in dieser west-östlichen Gestaltung gefunden zu haben. Wir deuteten darauf hin, daß Goethe nicht als ein Einzelner in diese östlichen Provinzen des Weltgeistes aufgebrochen war, der Geist der Zeit verlangte dorthin, aber Goethe diente nicht diesem Geist, sondern er formte ihn mit, weil er ihn mit der ganzen Fülle seiner Seele, seines reichen und reifen Gemütes erfaßte und durchführte. Dies aber war ihm nur möglich, weil er eigenste Erlebnisse in den Versen dieser Zyklen gestaltete, weil er eigenste Anliegen darin verkörperte. So mag die Form östlich gemeint sein, aber der Gehalt ist im tiefsten Wesensgrunde überall ein westlicher, eben der Goethesche.

Was aber war es nun, das Goethe in diesem Werke darstellte? Es war nicht mehr und nicht weniger als seine Begegnung mit der Welt in diesem Zustand der Wende des eigenen Lebens. Es war der Blick in die Welt und der Blick in sich selbst, den er in diesen zwölf Büchern auffing. Es war die Begegnung mit der Zeit und das Rühren an die Ewigkeit, das überall aufleuchtet, es war die Seligkeit seiner Liebe und der Unmut über Zustände und Vorgänge, die ihm widersprachen. Es war das reiche Wissen eines Weisen und das große Ahnen eines Glaubenden. Aber der, der hier als Lyriker der Zeit begegnet und in der Verkleidung eines Handelsherrn, der die west-östlichen Bereiche durchwandert, sich zu dem, was ihn erfüllt und bewegt, schaffend und formend bekennt, das ist nicht ein Jüngling, wie er einst in Straßburg und Weimar im lyrischen Aufbruch sich offenbarte und in dieser Offenbarung die Welt im Vers widerklingen ließ, es ist auch nicht der Mann im beginnenden Mannesalter, der in Italien sich selbst fand, es ist der Mann auf der Höhe seines Lebens, der diese Zyklen formt und in einem Aufbruch wunderbarer Verjüngung die Fülle eines reichen Lebens an den Tag bringt. Es ist nicht mehr der erste erstaunte Blick in Welt und Leben, es ist der wissende Blick des Erfahrenen, es ist die Sicht des Alternden, in dem sich das Leben und die Liebe, Zeit und Ewigkeit, Gott und Welt spiegeln. War es einst das große Gefühl, das seinen Versen den persönlichen, unverwechselbaren Hauch und Ton, Klang und Atem gab; war es einst die unvergeßliche Fassung eines erfüllten Gemütes, so ist es nun ein reicher, durch und durch leuchtender Geist, der dem Werke seinen Charakter verleiht. Gewiß gibt es auch hier Strophen, die von nichts anderem getragen werden als dem großen Gefühl, der Leidenschaft, aber auch diesen gibt der männliche Geist ihre letzte Gestalt. Damit haben wir das innerste Geheimnis, das Wunder dieses Buches berührt, das geschrieben wurde von einem Manne, der eine große Verjüngung seines eigenen Selbst erlebte, der wiedergeboren wurde in einem Augenblick, da er unter dem Druck der Zeit, unter den unleidlichen Zuständen der Welt, die er erlebte, zu ersticken wähnte, der wohl in manchen Stunden das andringende Alter wie eine Bedrohung empfinden mußte, da so vieles, von dem was geplant, noch nicht getan war.

Er war aufgebrochen zur symbolischen Fahrt in den Orient, er war aber auch aufgebrochen zu einer wirklichen Flucht aus Weimar, zu einer Fahrt in die Landschaft seiner Ursprünge: die Rhein-Main-Gegend. Es geschah im Sommer und Herbst 1814 und im Sommer 1815. Wir können die Reisen in diesem Augenblick seines Lebens gar nicht ernst genug nehmen: waren sie doch für Goethe von entscheidender Bedeutung. Nach siebzehn Jahren weilte er zum erstenmal wieder in seiner engeren Heimat, durchstreifte die Fluren, in denen er als junger Mensch erwacht war. Rückschau haltend und Erinnerung weckend, kehrte er an vielen vertrauten Plätzen ein. Er war ein anderer geworden, seitdem er das letzte Mal hier gewesen war, ein anderer auch seit den Tagen, da hier aus dem Knaben der Jüngling und Mann erwuchs. Aber es gab auch Fäden, durch die das Damals an das Heute gebunden war. Es waren altbekannte, aber auch neue Menschen, denen er hier begegnete, neue Kräfte, die den, der in einer großen Wandlung begriffen war, erreichten. Da waren vor allem die Brüder Boisserée, die dem Dichter die Schätze ihrer Sammlung altdeutscher Kunst wiesen. Und nun, da so vieles in ihm neu geboren wurde, öffnete er sich dieser Kunst, der er sich so lange verschließen zu können gemeint hatte. Dieses Sich-Öffnen bedeutete aber ebenso wie jene Zuwendung zum Orient eine Erweiterung seiner Welt. Die Epoche der klassizistischen Kunstbetrachtung ging nun zu Ende oder wurde zumindest erschüttert. Zweifach war das Mittelalter, das auf Goethe eindrang. Die Brüder Boisserée suchten ihn für das deutsche, die Hafisübersetzung des Freiherrn von

Hammer-Purgstall für das orientalische Mittelalter zu gewinnen. Als Goethe die Lieder des *Divan* dichtete, entschied er sich für das orientalische. Aber war es in dieses Dichters Leben je geschehen, daß er seiner Welt eine Provinz erobert hätte anders als durch die allwaltende Kraft der Liebe? Auch sie traf ihn hier auf der großen Reise der Verwandlung und der Verjüngung, und sie traf ihn stark wie nur je in seinem Dasein. Die Trägerin dieser Liebe hieß Marianne von Willemer und wurde vom Dichter im Anklang an die Welt, aus der heraus er sie traf, Suleika genannt. Wo immer Goethe das Schicksal einer großen Liebe widerfuhr, hat er es als ein jeweils neues erlebt und erlitten, und es hat ihn selbst erneuert, so auch diese Liebe zu Marianne von Willemer, die zwischen Frau von Stein und Ulrike von Levetzow stehend, zu den großen Frauen seines Lebens zählt.

Wer war diese Frau, die in der entscheidenden Wende auf der Höhe seines Daseins in des Dichters Leben trat? Marianne Jung, wie sie mit ihrem Mädchennamen hieß, war in Linz geboren (20. November 1784) und trat 1798 in Frankfurt als Ballettänzerin auf. Sie bezauberte durch ihre Schönheit und Grazie. Vor anderen war es der damals dreiundzwanzigjährige Clemens Brentano, der ihr huldigte, und dem die Begegnung mit ihr die Anregung zu den leider viel zu wenig bekannten *Romanzen vom Rosenkranz* gab. In einem an Marianne gerichteten Gedichte heißt es dann auch:

> Ich will dein pflegen und warten
> Im Herzen so treu als ich kann –
> Da seh ich dich sitzen im Garten
> Wohl bei einem reichen Mann.

Es war der Garten der Gerbermühle. Dessen Besitzer, Johann Jakob Willemer, ein hochangesehener, um das Frankfurter Theater- und Kunstleben verdienter Mann, hatte Marianne aus der Truppe genommen und in seinem Hause neben den eigenen Kindern erziehen lassen. Seit 1796 war Willemer zum zweitenmal Witwer. Die Zeit seiner ersten Ehe scheint für ihn eine glückliche gewesen zu sein, während eine zweite Ehe mehr aus geschäftlichen Gründen denn aus innerer Neigung geschlossen worden war. Ob Willemer Marianne Jung aus Nächstenliebe und um sie zu retten, in sein Haus nahm, oder ob es mehr eigensüchtige Gründe waren, die ihn zu diesen Schritten bewegten, bleibt schwer zu entscheiden. Wie denn das Charakterbild dieses Mannes noch immer in wechselnder Zeichnung durch die Geschichte geht. Ohne Zweifel war Willemer kein glücklicher Mensch, es fehlte ihm vor allem an innerer Harmonie, an Frieden des Herzens, und sein Streben ging, wie er selbst bekennt, mehr auf den Erwerb einer Scheinehre als einer wirklichen Ehre. Eigene dichterische Versuche, von denen er glaubte, sie könnten ihm Bürgerrecht im Reiche der großen Kunst verschaffen, blieben im Dilletantismus stecken. So mag Willemer gehofft haben, die Ehe mit Marianne, die im Jahre 1814, wenige Monate nach ihrer ersten Begegnung mit Goethe, sehr plötzlich geschlossen wurde, werde ihm das ersehnte Glück bringen, besaß doch Marianne, wonach er sich sehnte: Reichtum des Herzens, Schönheit und Adel der Seele. Ob Marianne den Pflegevater aus eigenem Entschluß, aus Liebe heiratete, oder ob sie sich vielmehr einer Ehe nicht entziehen konnte, ist kaum zu klären. Eines aber ist gewiß, als diese junge, schöne, außerordentliche Frau zwei Monate vor dieser Eheschließung Goethe begegnete, war der Keim zu jener großen, schicksalformenden Liebe gelegt, die uns aus dem *West-östlichen Divan* entgegentritt, und die wir noch durch manche, mehr verbergende als erhellende Zeilen ihrer Briefe hindurchleuchten sehen, einer Liebe, die für beide Teile zu einer tragischen Höhe führte, vor der wir allein mit dem Gefühl höchster Ehrfurcht verharren können. Im nächstfolgenden Jahre verweilte Goethe einige Wochen in der Gerbermühle, dem Wohnsitz Willemers, eine letzte Begegnung beider vom 23. bis 26. September in Heidelberg bildet den Höhepunkt, aber auch den tragischen Abschluß dieser großen Liebe. Was nun noch folgte, war ein lang währendes Zwiegespräch, aus dem immer wieder Goethes Entsagung und Mariannes Sehnsucht aufklingt. Goethe ging den Weg der Entsagung, er mußte ihn gehen. Er hat mit sich selbst gerungen, und so sehr auch die Freunde, selbst der Gatte Mariannes baten, er kehrte nie mehr in die Gerbermühle zurück. Als er im Sommer 1816, nach dem Tode Christianens, bereit war, noch einmal den Weg in die Heimat und damit zu Marianne anzutreten, stürzte der Reisewagen zwei Stunden jenseits von Weimar um, und die Reisenden – Heinrich Meyer hatte Goethe begleitet – kehrten nach Weimar zurück. Goethe nahm diesen Unfall als Stimme des Schicksals. Er mußte und wollte entsagen. Marianne konnte nur schwer fassen, was ihr widerfahren war, sie mußte sich wie aus einer goldenen Wolke gestürzt erscheinen. Allmählich begriff sie wohl, daß sie ihr Leben für das Glück weniger Liebeswochen mit dem Genius, den sie seit ihrer Kindheit verehrte, opfern mußte. ,,Einmal in meinem Leben war ich mir bewußt, etwas Hohes zu fühlen, etwas Liebliches und Inniges sagen zu können, aber die Zeit hat alles nicht sowohl zerstört als verwischt, und was von Erinnerung mir geblieben, ist ein ahnungsvolles Erkennen der Wahrheit und Schönheit, wo ich sie zu finden glaube''. So schrieb sie im Jahre 1852, zwanzig Jahre nach Goethes Tod an Hermann Grimm, dem sie auch als erstem das Geheimnis anvertraute, daß sie selbst die Dichterin einiger der schönsten Lieder des *Divan* gewesen sei. Ihre Liebe gehörte Goethe bis zur letzten Stunde seines und ihres Lebens. Aber sie, die Fröhliche, die Heitere, die den Künsten zugetan war, sie verschloß sich mehr und mehr in ihr eigenes Innere, seitdem sie erkannte, daß über der Liebe die Entsagung stand. Der Widerklang dieser Liebe aber, alle Seligkeit und aller Schmerz, alle Tragik und alle Größe ist eingegangenen in Goethes *West-östlichen Divan*. Was ihm, dem Genius, in seinem reichen Leben niemals widerfahren war, das begegnete ihm hier: seine Stimme fand ein Echo, das seiner würdig war. Marianne von Willemers Verse, die Goethes Liebe ihrer Seele entlockte, gingen in das Buch ein, das für alle Zeiten das Schicksalsbuch dieser Liebe wurde. Verwandelt und verjüngt ging Goethe aus dem Glück und dem Leid dieser großen Liebe heraus. Auch er hat die seligen Wochen mit Marianne als einen besonderen Höhepunkt seines Daseins betrachtet. Immer wieder bekennt dies ein Wort, eine Geste, ein Zeichen, vielleicht am schönsten aber jenes Gedicht, das Goethe am 25. August 1828 in Dornburg nach des Herzogs Tod schrieb, und von dem er ein Exemplar handschriftlich an Marianne sandte. Wir meinen das Gedicht an den aufgehenden Vollmond und denken an die Verse:

> Doch du fühlst, wie ich betrübt bin,
> Blickt dein Rand herauf als Stern!
> Zeugest mir, daß ich geliebt bin,
> Sei das Liebchen noch so fern.

Für alle Zeiten wird Seligkeit und Schmerz dieser Liebe ein letztes, nur zu ahnendes, kaum zu deutendes Geheimnis bleiben. Nicht minder geheimnisvoll aber ist das Werden dieses Buches, von dem wir sagen möchten, daß es als Ganzes der tiefsten eines sei, das uns Goethe schenkte. Denn er schloß in dieses Buch nicht nur das Schicksal dieser Liebe ein, sondern er ließ im Lichte dieser Liebe sein ganzes Leben, so weit es Geist geworden ist, aufleuchten. Zwölf Bücher umfaßt der Band, der zwischen 1814 und 1819 geschrieben wurde. Nicht alle sind sie gleichwertig und nicht auf jedes fiel in gleicher Weise das Licht der Zentralsonne. Aber wer wollte die kleinen Sternbilder unseres Himmels verachten, weil sie den großen und den Planeten nachstehen an Leuchtkraft? So auch in diesem Bande, der als Ganzes genommen sein will. Wer es so in sich aufnimmt, der wird erkennen, wie von einem Buch auf das andere, von einem Gedicht auf das andere ein Licht fällt, so daß das Ganze wie von einem großen, keineswegs irdischen, sondern unirdischen Lichte durchleuchtet erscheint. Man hat davon gesprochen, daß neben den leuchtenden Gedichten die matten seien, man hat auch bemerkt, Goethe habe hier ausgesagt, was er aussagen mußte, andererseits aber auch, was er aussagen wollte, wobei dann wieder jenes Sagenmüssen dem Leuchtenden und jenes Sagenwollen dem Mattsein entsprechen würde. Man hat auch erwähnt, daß hier der Altersstil Goethes besonders stark in Erscheinung trete und wollte damit vor allem die mehr betrachtenden Zyklen bezeichnen, bei denen das Wissen und die Weisheit, eben das Sagenwollen dominiert.

Es wurde im Laufe eines Jahrhunderts viel Schönes und Gültiges zur Deutung dieses geheimnisschweren Buches geschrieben, vor allem von Männern wie Konrad Burdach, Hans Heinrich Schaeder, Max Kommerell, Max Rychner, Emil Staiger und Ernst Beutler.

An uns aber wird es liegen, es endlich zu ergreifen und uns diesen köstlichen Besitz mit Liebe und Ehrfurcht, mit Hingabe und gesammelter seelischer Bereitschaft anzueignen. Geschieht dies, so werden wir finden, wie hier Goethes eigenste Welt sichtbar wird, so vor allem im *Buch des Sängers* und im *Buch Hafis*, wie er sich gegen das wehrte, was aus der Zeit und der Welt, in der er leben mußte, gegen ihn andrang, so im *Buch des Unmuts*. Zu Höhen eigenster Lebensmitte führt das *Buch der Liebe* und das *Buch Suleika*. Wunderbar tiefe Geheimnisse, wie sie zwischen dem Alter und der Jugend schweben, berührt *Das Schenkenbuch*, in dem so viel leichter Sinn, so viel Übermut und heiteres Spiel in tiefen Sinn und tiefe Schau mündet. Im *Buch Timor* wird versucht, das große Zeitgeschehen, den Untergang Napoleons, Gestalt werden zu lassen. Sprechen die Bücher der *Sprüche, Betrachtungen* und *Parabeln* vom Denker und Weisen Goethe, so führen die Bücher des *Parsen* und des *Paradieses* in die Sphäre des Religiösen. Es ist eine weite Welt durchschritten, wobei manches nur angedeutet, anderes aber wirklich gestaltet ist, anderes sich hinter Symbolen und Bildern verbirgt, während vieles unmittelbar zu Tage tritt.

Sucht man die geistige Provinz des *West-östlichen Divan* anderen Provinzen des Goetheschen Reiches zu nähern, so muß an „Faust II. Teil" gedacht werden, an die Wanderjahre und auch an die Gedichte, die in den Sammlungen unter dem Titel *Gott und Welt* zusammengefügt sind. Wie im zweiten Teil des Faust der Norden mit dem Süden, das Deutsche und das Hellenische versöhnt sind, so ist hier vor größerem Horizont der Orient und der Okzident in Berührung gebracht, das, was wir das Menschliche nennen, wird gesucht und gefunden und gestaltet. Was dem ersten oberflächlichen, von außen kommenden und am Äußeren haftenden Blick fremd und ferne erscheinen will, das offenbart sich als ein Nahes und Vertrautes dem, der wirklich in die Sphäre dieser Gedichte eingedrungen ist, der in dem Östlichen das Westliche fand und damit das Menschliche, jene höhere und höchste Synthese, nach der Goethe unterwegs war, als ihm diese Gedichte in einer ergreifenden Verzauberung, oft mehrere an einem Tage, gegeben wurden. Goethe hat dieses Gegebenwerden selbst empfunden, denn er sprach einmal davon, daß die Gedichte des Divans ihn in ihrer Gewalt gehabt hätten. Manche Herausgeber Goethescher Lyrik haben denn auch einzelne Stücke, die großen leuchtenden Sterne am Firmament dieses Himmels, herausgelöst und in Sammlungen dargeboten. So sind eine Reihe dieser Strophen Besitz der Nation geworden, darunter so gewaltige, von magischem Lichte durchglühte wie *Selige Sehnsucht, Vermächtnis altpersischen Glaubens, Wiederfinden, Berechtigte Männer, In tausend Formen* und die beiden Gedichte Mariannens *Der Ostwind* und *Der Westwind*. Aber wer, der dieses Buch kennt, vermöchte aufzuhören in der Auswahl dessen, was er davon darbieten möchte, damit er verlocke, das Ganze zu ergreifen? So wollen wir denn auch das Ganze uns aneignen in einem Augenblick, da wir die großen Werke Goethes nicht unbefragt lassen dürfen, weil wir in der Wende der Zeit, in der wir stehen, unser geistiges Erbe mehr als je für berufen glauben, uns selbst zu einer reineren Gestalt emporzuheben.

Es wäre freilich nun auch ein Irrtum, wollten wir, indem wir diesen *West-östlichen Divan* uns zu eigen machen, die frühe Lyrik gering achten. Nichts liegt uns ferner als dies. Wir wollen nicht einen alten Irrtum erneuern, den reifen und älteren Goethe gegen den jüngeren oder umgekehrt den jüngeren gegen den älteren zu stellen. Wir wollen vielmehr dieses Mannes Leben und Werk als ein Ganzes betrachten und erfahren, wie er, Stufe um Stufe aufwärts schreitend, immer neu sich selbst überwindend, Hohes und Höchstes, nicht aus eigener Kraft allein, sondern erfüllt von der Gnade, der er in seltenem Maße teilhaftig wurde, hervorbrachte. Wenn wir die Lyrik der Jugend und des frühen Mannesalters gegen die Verse des Divans stellen, so meinen wir um jene das Licht des frühen Morgens, das Licht des Frühlings zu spüren, während wir über die Divanstrophen das klare, reine Licht des Spätnachmittags, des Herbstes gebreitet fühlen. Was in diesem zeitlosen Licht liegt, gehört allen Zeiten an, so auch den unseren.

Daß wir solcher edlen Gaben uns allzeit würdig erweisen, das ist nun unsere Aufgabe. Wir bleiben ihrer würdig, wenn wir sie in ihrer Reinheit uns zu eigen zu machen suchen, wenn wir sie wirklich zu besitzen, wenn wir sie unserem Leben zu verbünden uns mühen. Der *West-östliche Divan* ist von solchem Gehalt, daß wir uns an ihm erheben und stärken können. Wer dieses Werk durchschreitet, der steigt immer wieder zu Gipfeln empor, da er dem Hohen und Höchsten nahe ist, da ihn jene Höhenluft umgibt, die nicht mehr nur irdischen Ursprungs ist, die vielmehr Licht und Atem von jenem Überirdischen empfängt, das nur durch wahrhaft Begnadete den Sterblichen vermittelt wird. Die Lieder und Strophen, die uns auf die Gipfelhöhen führen, sind innerlich nicht nur dem Reinsten und Größten verwandt, was Goethe selbst hervorbrachte, sie sind auch dem Größten nahe, was abendländischer Geist in der Kunst geschaffen hat. Wer sich durch Strophen wie *Selige Sehnsucht* oder *Vermächtnis altpersischen Glaubens* hinaufführen läßt in jene Sphären, da Zeitliches und Ewiges, da Irdisches und

Überirdisches sich berühren, der ist in die Bereiche eingedrungen, in denen die großen Meister des Abendlandes, Dante und Shakespeare, Michelangelo und Leonardo, Raffael und Rembrandt, Mozart und Beethoven ihre Bekenntnisse zu den letzten Fragen des Daseins in den Zeichen und Formen ihrer Kunst niedergelegt haben. Wir sprechen ein solches Bekenntnis mit allem Gefühl für die Verantwortung aus, die wir dem Großen gegenüber haben, nicht um uns dieses Besitzes zu rühmen, sondern um anzudeuten, ein wie Seltenes und Großes uns hier zu eigen ist. Unser Verhältnis zu den Großen kann immer nur das der Ehrfurcht und der Liebe, der Treue und der Dankbarkeit sein. Alles Große verpflichtet uns, daß wir uns zu ihm erheben; das Reine, an dem das Wirken der Gnade sichtbar ist, kann nimmermehr aus der Sphäre gelöst werden, in der es beheimatet ist, wir müssen uns zu dieser Sphäre erheben, indem wir uns innerlich für sie bereit machen. Ein Buch wie dieser *West-östliche Divan* läßt sich nicht lesen und aus den Händen legen, es will vielmehr immer wieder neu ergriffen und liebend umworben sein, es will uns nahe sein, und je öfter wir mit ihm Umgang suchen, um so reiner wird sich uns sein Geheimnis auftun, um so mehr werden wir zu jener Mitte vordringen, aus der es sein Leben empfängt, aus der es geschaffen wurde: eben die Mitte des Lebens selbst. Wer diese Mitte umschreitet, der wird erkennen, daß viele Wege vom Kreise in die Mitte führen. Sie alle wollen beschritten sein, und wer dieses Buch in dem wechselnden Laufe seines Lebens immer wieder ergreift, der wird ihm als einem Neuen begegnen, denn das Geheimnis, das es umschließt, ist unerschöpflich und will immer wieder von der liebenden Hingabe entsiegelt sein. Wem es sich aber aufgetan hat, der wird auch teilhaftig werden der edlen Kräfte, durch die er befähigt wird, Sieger zu bleiben im Kampfe mit dem Niederen und Gemeinen, mit dem Unedlen und den Mächten des Dunklen, die uns, so lange wir leben, immer wieder bedrohen wollen. In dieses Buch ging der überwindende Geist eines langen Lebens ein.

Schiller sprach in einem Briefe an Goethe einmal den Satz aus: ,,Jedes dichterische Werk muß Charakter haben; aber der vollkommene Dichter spricht das Ganze der Menschheit aus.

Im *West-östlichen Divan* hat sich dieses Wort des Freundes erfüllt, so wie es sich im *Faust* erfüllt hat. Was die allumfassende Liebe, was die begnadete Kraft vollendet haben, das soll uns erfüllen und durchdringen, daß wir fähig werden, im Geiste der Orient und Okzident umspannenden Liebe dem Rein-Menschlichen zu leben und zu dienen, an dem Platze, an den uns das Schicksal gerufen hat. Gelingt uns dies, so reihen wir uns ein in die unsichtbare Bruderschaft derer, die wissen, daß das höchste Vermächtnis dieses Dichters und Menschen ausgesprochen ist in den vier Versen:

Und nun sei ein heiliges Vermächtnis
Brüderlichem Wollen und Gedächtnis:
Schwerer Dienste tägliche Bewahrung,
Sonst bedarf es keiner Offenbarung.

Wer dieses „Schwerer Dienste tägliche Bewahrung" erfüllt, dem wird sich das
Wunder des Lebens auftun, und er wird sich einbezogen fühlen jenem höchsten
Einssein des Menschlichen mit dem Göttlichen, von dem wir wissen, daß es die
Sehnsucht der Edelsten und Besten der Menschheit war und ist und sein wird so-
lange die Sonne sich über uns erhebt und solange das Gewissen in uns unseres
Handelns Wege bestimmt.

Schon das Kind Goethe hatte, den unbekannten Gott zu ehren, einen Altar er-
richtet, auf dem es mit der Kraft der Sonne die Flamme entzündete. Nun feiert
der Mann auf der höchsten Höhe seines Lebens abermals die heilige und heilende
Kraft der Flamme und lehrt „in jeder Lampe Brennen fromm den Abglanz hö-
hern Lichts erkennen". Wunderbar schließt sich der Ring dieses Lebens, und
gäbe es ein reineres Zeichen für die der Vollendung nahe kommende Gestalt als
solch einen in sich geschlossenen Lebenskreis, solch einen Aufbruch zu Gott und
solch eine Heimkehr zu Gott? Wir können uns keinen denken und wollen uns
darum täglich neu demütig und dankbar zu diesem Werke bekennen und zu dem
Geiste, der es erfüllt und den es ausstrahlt. Es ist Höhenluft und Weltluft, die um
dieses Buch wehen, es ist der zeitlose Atem, den alles Große, von reifem Menschengeist Geschaffene umgibt. Wer sich diesen Strahlungskräften aussetzt, der
wird erkennen, daß sein Leben plötzlich reich geworden ist in jenem höchsten
Sinne, daß er Anteil haben durfte an einem Geschaffenen, das, ob es wohl von
Menschengeist hervorgebracht, doch weit über das Menschliche hinausgreift in
jene Sphäre des Göttlichen, dem sich zu nähern Goethe nicht müde wurde. Immer wieder ist er aufgebrochen, um dem Göttlichen nahe zu kommen, immer
wieder hat er gekündet, was er erfuhr. Und wie das Kind die Flamme des Altars
der Sonne weihte, so der Dichter des *Divans* und der an der Grenze des Lebens
stehende, Abschied nehmende Greis, der Eckermann ein Bekenntnis ablegt, wie
wir in der Geschichte nur wenige kennen: „Fragt man mich, ob es in meiner Natur sei, Christus anbetende Ehrfurcht zu erweisen, so sage ich: Durchaus! Ich
beuge mich vor ihm, als der göttlichen Offenbarung des höchsten Prinzips der
Sittlichkeit. Fragt man mich, ob es in meiner Natur sei, die Sonne zu verehren,
so sage ich abermals: Durchaus! Denn sie ist gleichfalls eine Offenbarung des
Höchsten, und zwar die mächtigste, die uns Erdenkindern wahrzunehmen ver-
gönnt ist. Ich anbete in ihr das Licht und die zeugende Kraft Gottes, wodurch allein wir leben, weben und sind, und alle Pflanzen und Tiere mit uns."

Dies ist die Lebenshöhe, auf die der Wanderer geführt wird, der sich Goethe zum Führer wählt. Wer zum *West-östlichen Divan* greift, der wird, in weiten Kreisen wandernd, schließlich diese Höhe ersteigen, und von dort wird er mit Lynkeus, dem Türmer, bekennen dürfen:

> Ihr glücklichen Augen,
> Was je ihr gesehn,
> Es sei wie es wolle,
> Es war doch so schön.

(1948)

Goethe als Erzähler

Ohne Poesie läßt sich nichts in der Welt wirken:
Poesie aber ist Märchen.
(Goethe im Gespräch mit Kanzler Müller)

Umfaßt unser Blick das vielschichtige Werk Goethes, so kann es wohl geschehen, daß die Erzählungen, die Novellen und Märchen nicht in erster Linie als der Mitte des Goetheschen Erbes zugehörig betrachtet werden. Es ist sogar möglich, daß es Freunde Goethes gibt, die mit ihnen weit weniger vertraut sind als mit der Lyrik, den Dramen, den Romanen oder auch den wissenschaftlichen, betrachtenden und bekennenden Arbeiten. Goethe der Erzähler, dieses Thema scheint für manche Menschen einer gewissen Problematik nicht zu entbehren. Und doch sind die Erzählungen Goethes für den, der sich ihnen hingibt, reich an dichterischen Schönheiten, reich auch an menschlichem Gehalt, beides will nur erkannt und ergriffen sein. Und da scheint es, als seien für manche Leser gewisse Schwierigkeiten erst zu überwinden. Vielleicht liegt es daran, daß wir uns allzusehr gewöhnt haben, Goethes gültigste Werke dort zu suchen, wo er sich selbst gibt, wo er ein unmittelbares Bekenntnis ablegt, wo sein Schaffen, wie er sagt, eine große Konfession darstellt: in der Lyrik, in den großen Dramen, in den Romanen und den Bekenntnisschriften. Was sich von dieser Mitte des Bekennens entfernt, das wird gerne zu dem gerechnet, was man mit dem Begriff der Nebenwerke bezeichnet; Werke mehr des Künstlers als des Dichters Goethe, Werke des Meisters der Sprachgestaltung auch.

Sind aber diese Märchen und Novellen wirklich Nebenwerke, die wir entbehren möchten? Wäre unser Schrifttum nicht um Kleinodien ärmer, wenn ihm diese ,,Novelle", dieses ,,Märchen" oder auch manche der anderen Stücke fehlten? Stellen diese Erzählungen nicht wahrhaft vollgültige deutsche Prosa dar? Sind sie geringere Zeugnisse des Goetheschen Geistes und des Goetheschen Formwillens als etwa ,,Die Leiden des jungen Werthers" oder ,,Dichtung und Wahrheit?" Allzurasch urteilt der, der diese Erzählungen sozusagen von der Mitte der Goetheschen Welt an ihren Rand schiebt, der in ihnen, wie man wohl lesen und hören kann, die Gegenwart der Goetheschen Seele vermißt und sie nur Ergebnisse seiner Fabulierlust nennt.

Goethe der Erzähler, das ist ein Kapitel, das weit in Goethes Jugend und Kindheit zurückführt, wie in gewissem Sinne auch das Kapitel Goethe der Dramatiker dort seinen Anfang nimmt, wo das Kind vor dem Vorhang des Puppentheaters sitzt, das die Großmutter den Kindern an einem Weihnachtsabend vorstellen ließ. Darüber steht in ,,Dichtung und Wahrheit'' sogleich auf den ersten Seiten Schönes zu lesen. Wer aber in diesem Buche weiterblättert, der stößt alsbald auf die Stelle, an der von Goethe dem Erzähler die Rede ist. ,,Diesen sowie andere Wohlwollende konnte ich sehr glücklich machen, wenn ich ihnen Märchen erzählte, und besonders liebten sie, wenn ich in eigener Person sprach, und hatten eine große Freude, daß mir, als ihrem Gespielen, so wunderliche Dinge könnten begegnet sein, und dabei gar kein Arges, wie ich Zeit und Raum zu solchen Abenteuern finden könne, da sie doch ziemlich wußten, wie ich beschäftigt war und wo ich aus- und einging. Nicht weniger waren zu solchen Begebenheiten Lokalitäten, wo nicht aus einer andern Welt, doch gewiß aus einer andern Gegend nötig, und alles war doch erst heut oder gestern geschehen. Sie mußten sich daher mehr selbst betrügen, als ich sie zum Besten haben konnte. Und wenn ich nicht nach und nach, meinem Naturell gemäß, diese Luftgestalten und Windbeuteleien zu kunstmäßiger Darstellung hätte verarbeiten lernen: so wären solche aufschneiderischen Anfänge gewiß nicht ohne schlimme Folgen für mich geblieben.''

,,Der neue Paris'', heißt das Knabenmärchen, das Goethe an dieser Stelle seiner Lebensgeschichte einschaltet. Am Ende des zweiten Teiles von ,,Dichtung und Wahrheit'' erzählt er dann, wie er in Sesenheim das Märchen ,,Die neue Melusine'' vorgetragen habe. ,,Es verhält sich zum Neuen Paris wie ungefähr der Jüngling zum Knaben, und ich würde es hier einrücken, wenn ich nicht der ländlichen Wirklichkeit und Einfalt, die uns hier gefällig umgibt, durch wunderliche Spiele der Phantasie zu schaden fürchtete.'' Erst im Jahre 1816 war das Märchen in der heutigen Gestalt aufgeschrieben und später in ,,Wilhelm Meisters Wanderjahre'' eingeschaltet worden. Ein Märchenerzähler war also Goethe früh gewesen, und er ist es bis in sein Greisenalter geblieben. Daß ihm dabei ein Gebilde gelang wie das ,,Märchen'', dürfen wir wohl als ein Wunder, aber auch als eine große Gnade betrachten. Nur einem wirklichen Dichter wird solch eine Gabe zuteil. Novalis hat es eine erzählte Oper genannt und hat damit auf das Richtige hingedeutet. Hugo von Hofmannsthal schrieb: ,,Wenn Geister vom höchsten Rang wie Goethe und Lionardo sich herablassen, zu spielen, dann, aber nur dann, entstehen Gebilde wie das Märchen von der Lilie und der Schlange oder das Gemach mit den verschlungenen Reblauben im Mailänder Kastell.'' Damit aber wird das vielberedete Problem dieses Märchens ins Herz getroffen. Man muß es nehmen als das Spiel eines Geistes von höchstem Range, man muß es dort ansiedeln, wo sich die Sphären der Dichtung und der Musik berühren, wo eines in das andere übergeht. Man kann es wohl auch jenen wundervollen Formen seltener

Blüten vergleichen, die die Natur in ihrem schöpferischen Überfluß hervorgebracht hat, den Orchideen etwa. Damit wäre aber auch angedeutet, daß es sich
um ein Gebilde handelt, das unter besonderen Bedingungen erwachsen ist. Wer
hier zu deuten oder gar zu deuteln beginnt, wer allzuviel Allegorien und Symbole erkennen möchte, der raubt sich leicht die Freude, die dieses Kunstgebilde
dem gewährt, der sich von seinem spielerischen Zauber, von seinem schwebenden Tiefsinn und der Musik seiner Sprache anrühren und bewegen läßt. Sicherlich ist in dieses Gebilde etwas vom Tiefsten aus Goethes Wesen eingegangen,
man darf es aber nicht rational suchen wollen, sondern muß es wie eine sympho-
nische Musik in sich einströmen lassen, man muß es als Ganzes ergreifen und
sich im Einzelnen am Spiel der sich verschlingenden und lösenden Begegnungen
erfreuen können. Wir glauben, daß dieses Märchen, das nicht als ein Märchen,
sondern als *das* Märchen genommen sein und erlebt werden will, in diesem freie-
sten Sinne der ästhetischen Freude am Spiel ergriffen werden muß. Goethe stand
im Mannesalter, als er dieses Kleinod dichterischer Prosa 1795 empfangen durfte. Er bringt es selbst in Zusammenhang mit den Erzählungen und Novellen, die
unter dem Titel ,,Unterhaltungen deutscher Ausgewanderten'' im Jahre 1793
geschrieben und 1795 in Schillers neugegründeter Zeitschrift ,,Die Horen''
erstmals veröffentlicht wurden. Dieses Werk ist nie ein wirklicher geistiger Besitz der Deutschen geworden, und in mancher Ausgabe seiner Werke fehlt es völlig. Es mag das mit dem etwas zwiespältigen Charakter der Arbeit entschuldigt
werden: es ist dies die alte und traditionelle Kunstform der Rahmenerzählung,
die einen Kranz selbständiger Novellen zusammenhält. Diese Kunstform hat so
große Vorläufer wie die ,,Märchen von Tausend und eine Nacht'' oder die Erzählungen von Boccaccio und Cervantes.
Die Rahmenerzählung selbst hat bei Goethe weniger dichterischen als reflektie-
renden Charakter, insofern der Dichter sie dazu nützt, sich über politische und
auch künstlerische Probleme zu äußern. Soweit es sich um die ersteren handelt,
läßt sich eine Beziehung zu den fast gleichzeitig entstandenen Revolutionsdra-
men aufzeigen. Dabei mag es wohl erlaubt sein, auf die allgemeingültigen Worte
über das Zusammenleben der Menschen und der Gesellschaft, über die gegensei-
tige Duldung und Toleranz hinzudeuten, nicht nur weil sie heute besonders
nachdrücklich gelesen zu werden verdienen, sondern weil sie beispielhaft dafür
sind, wie das Leben und seine geheimen Grundlagen Goethe vertraut waren.
Soweit künstlerische Fragen in den Gesprächen behandelt werden, ist daran zu
erinnern, daß Goethe sich seit seiner Rückkehr aus Italien besonders lebhaft mit
den Problemen der Kunstform auseinandersetzte. Nicht diese Rahmenerzählung
aber ist es, der der Schwerpunkt zukommt, sondern eben die Novellen selbst, die

von ihr umschlossen werden, und in denen Goethes eigentümliche erzählerische Form- und Gestaltungskraft sich bewährt, und dies um so mehr, als alle die Stoffe nicht von ihm erfunden, sondern nur von ihm gestaltet wurden. Es sind Stoffe, wie sie entweder bereits in der Literatur verwendet oder wie sie ihm von Zeitgenossen erzählt wurden. Goethe ergreift sie und formt sie zu klaren, zusammengerafften, innerlich sehr gespannten Kunstwerken, zu wirklichen Novellen. Dabei bedient er sich nicht der Mittel der psychologischen Durchdringung und Erhellung der Probleme, vielmehr sieht er seine Aufgabe darin, die reinen Tatsachen, und seien sie auch noch so unerklärbar und unwirklich, durch sich selbst wirken zu lassen. Goethe setzt die klassische Form der Novelle fort und verleiht ihr seine eigene Gestalt. Es ist Goethes Sprache, in der sie geschrieben sind, es ist der Atem von Goethes Persönlichkeit, der sie erfüllt. Wenn man gegen diese Dichtungen den Vorwurf erhob, das Formale dominiere allzusehr und lasse das Seelische und Menschliche nicht zu seinem Rechte kommen, so mag dieser Vorwurf eben insoweit berechtigt sein, als das unmittelbare Bekenntnis, das die großen Dichtungen Goethes erfüllt, hier zurücktritt. Als Ergebnis formender Künstlerschaft, als Kunstwerke, verdienen sie, unvergessen zu bleiben. Wie denn auch die ,,Novelle'' zu den köstlichsten Schöpfungen deutscher dichterischer Prosa gezählt werden muß. Sie ist ein Werk des späten Goethe. Im Jahre 1826 wurde sie niedergeschrieben, aber die ersten Entwürfe gehen in das Jahr 1797 zurück, als der Stoff für ein umfassendes Epos ,,Die Jagd'' vorgesehen war. Nun in der Vollendung trägt die Arbeit den Titel ,,Novelle'', und Goethe wollte damit wohl das Paradigmatische der Form und der Gestalt zum Ausdruck bringen.

Auch diese Dichtung hat zu mannigfaltigen Deutungen Anlaß gegeben, indessen erfährt hier *der* Leser den tiefsten Genuß, der dieses kleine Werk in seiner leuchtenden Klarheit und Durchsichtigkeit auf sich wirken läßt. Es ist eine wunderbare Transparenz in dem Bild, das dabei auf engstem Raume vom menschlichen Leben gegeben wird. Es ist, als gehe von den Gestaltungen dieser Novelle ein sehr zartes, aber durchdringendes Leuchten aus. Das Große ist an das Kleine, das Hohe an das Niedere, das Ferne an das Nahe gebunden. Und so wie der Löwe am Schluß der Novelle durch die Kraft des Liedes gebändigt ist, so waltet über dem ganzen Geschehen, ja über dem Sein der Menschen selbst, eine unendlich besänftigende Kraft. Die Landschaft ist in dieser Erzählung groß und klar gesehen, und auf die Menschen fällt ein Abglanz von dieser Klarheit. Vieles scheint zufällig, und doch ist alles von einer großen Notwendigkeit beherrscht, es läßt sich eines aus dem andern mit der edlen Selbstverständlichkeit des echten Kunstwerks entwickeln. Goethe hat in dem berühmten Gespräch mit Eckermann am Abend des 18. Januar 1827 folgendes schöne Gleichnis gegeben: „Um für den Gang dieser Novelle ein Gleichnis zu haben, so denken Sie sich aus der Wurzel hervorschießend ein grünes Gewächs, das eine Weile aus einem starken Stengel kräftige grüne Blätter nach den Seiten austreibt und zuletzt mit einer Blume endet. Die Blume war unerwartet, überraschend, aber sie mußte kommen, ja das grüne Blätterwerk war nur für sie da und wäre ohne sie nicht der Mühe wert gewesen... Zu zeigen, wie das Unbändige, Unüberwindliche oft besser durch Liebe und Frömmigkeit als durch Gewalt bezwungen werde, war die Aufgabe dieser Novelle, und dieses schöne Ziel, welches sich im Kinde und Löwen darstellt, reizte mich zur Ausführung. Dies ist das Ideelle, dies die Blume. Und das grüne Blätterwerk der durchaus realen Exposition ist nur dieserwegen da und nur dieserwegen etwas wert. Denn was soll das Reale an sich? Wir haben Freude daran, wenn es mit Wahrheit dargestellt ist, ja es kann uns auch von gewissen Dingen eine deutlichere Erkenntnis geben; aber der eigentliche Gewinn für unsere höhere Natur liegt doch allein im Idealen, das aus dem Herzen des Dichters hervorging."

Obwohl die „Novelle" im Gesamtwerk Goethes für sich allein steht, lassen sich unschwer Beziehungspunkte finden zwischen ihr und den Novellen, die in das Alterswerk Goethes „Wilhelm Meisters Wanderjahre" eingeschlossen sind: „Der Mann von fünfzig Jahren" und „Das nußbraune Mädchen", die in den Jahren 1817 und 1815 entstanden. „Wilhelm Meisters Wanderjahre" ist wohl weniger ein Werk des Dichters als ein solches des Weisen, des Erziehers und des Lehrers Goethe. Das didaktische und pädagogische Moment ist das vorherrschende, und es ist bekannt, wie Goethe in dieses Spätwerk vieles hineingeheimnist und hineingeschlossen hat, was sich mit der dichterischen Gestalt des Buches nicht sonderlich gut vertrug. Was er den Deutschen und der Menschheit noch zu sagen hatte (inzwischen war er ja längst ein Dichter der Weltliteratur geworden), das versuchte er hier zu sagen, und so kann man nicht eigentlich von einem Roman sprechen als vielmehr von einem Kompendium von Novellen, Tagebüchern, Traktaten, Aphorismen und Maximen, die nur lose noch durch einen Rahmen zusammengehalten werden. Die Novellen aber gehören zu den eigentlich dichterischen Teilen der „Wanderjahre" und stellen innerlich wie äußerlich gesehen eine Fortsetzung der Novellenreihe aus den „Unterhaltungen deutscher Ausgewanderten" dar. Es sind die gleichen Themen. Probleme der menschlichen, vor allem der adeligen Gesellschaft, merkwürdige und einmalige Fälle, in denen sich die großen Gegensätze, wie sie in den Begriffen Leidenschaft und Gesetz, Pflicht und Neigung, oder, um es mit Goethes eigenen Worten zu umschreiben: Daimon und Tyche widerspiegeln. Dabei ist es ein sehr Goethescher

Zug, daß das Tragische im eigentlichen Sinne nicht wirksam wird, daß vielmehr ein Ausgleich, eine Versöhnung der Gegensätze gesucht wird, daß Verzicht und Entsagung die Ordnung der Gesellschaft bewahren. Die Tradition wird aber auch im Formalen fortgeführt, insofern wieder das im strengen Sinne novellistische Moment über das psychologische dominiert. Auch gegen diese Novellen wurde der Vorwurf erhoben, es seien kühle, klassizistische Kunstwerke mehr als blutvolle Dichtungen. Dagegen ist zu erwidern, daß Goethe es sich gerade in der Novelle zur Aufgabe gemacht hat, das Persönliche hinter dem Sachlichen zurücktreten zu lassen, den Stoff durch die Form so zu bändigen, daß ein in sich geschlossenes und eben durch diese Geschlossenheit wirkendes Kunstwerk entstand. Das eigentlich Dichterische aber ist überall gegenwärtig, und wenn dabei das Moment des Bekenntnishaften, das wir ansonsten bei Goethe überall zu erkennen uns gewöhnt haben, zurücktritt, so darf uns das nicht verführen, den Kunstwert dieser Novellen und Märchen gering zu achten. Wir werden auch lernen müssen, gerade in der Form, in der Sprache, natürlich auch im Stoff die Gegenwart des Goetheschen Geistes zu erkennen. Gibt sich doch der Dichter und der Künstler im weitesten Sinne nicht nur dort kund, wo er ein Bekenntnis zu sich und seiner Welt ablegt, sondern auch dort, wo seine Art zu sein und zu wirken, das heißt seine Persönlichkeit und sein Stil, in der Gestalt des Kunstwerkes selbst erscheint. In diesem Sinne gehören eben diese Dichtungen alle der Sphäre der Goetheschen Welt an. Ja, die schönsten unter ihnen zählen mit zu dem innersten Kern von Goethes Lebenswerk, und je länger und je öfter wir uns in sie versenken, um so mehr werden wir dieses Vorwalten des Goetheschen Geistes verspüren und gewahr werden. Wir werden erkennen, wie die Natur und die Landschaft, es ist meist die Kulturlandschaft, die menschlicher Wille geformt und menschliche Sorge erhalten hat, sich mit Goethes Welt ebenso eng berührt wie die Gesellschaft, der die Gestalten seiner Novelle angehören. Und so manches ihrer Probleme sind seine Probleme. Denken wir nur an die Novelle ,,Der Mann von fünfzig Jahren'', in der wir die Begegnung Goethes mit Marianne von Willemer nachzittern fühlen, und in der die Atmosphäre der Marienbader Elegie vorausgenommen scheint.

Wohl möchte man über all diese Arbeiten das Wort setzen, das Goethe anläßlich des Widerhalls, den die ,,Novelle'' fand, schrieb: ,,Indes gereicht es mir zur angenehmsten Empfindung, daß die Novelle freundlich aufgenommen wird; man fühlt es ihr an, daß sie sich vom tiefsten Grunde meines Wesens losgelöst hat.'' Sie gehören eben durch die einmalige Gestalt, in der sie vor uns erscheinen, alle zu diesem Goetheschen Wesen, und wenn sie dies nicht rasch und unmittelbar offenbaren, wenn sie dies hinter ihrer Einfachheit einerseits und ihrer Verflochtenheit andererseits verbergen, so liegt es am Leser und seinem liebevollen Eingehen, dieses Wesen zu erspüren. Sie verlocken nicht ohne weiteres, sie bewahren häufig eine kühle Distanz, sie wollen umworben sein und verschenken erst dem ihren köstlichen Reichtum, der sich liebend um sie bemüht hat; dieser aber wird sie bereichert und mit dem Bewußtsein, Empfänger eines wahrhaft Schönen geworden zu sein, aus der Hand legen. Möchten schließlich die Deutschen gerade an den schönsten dieser Goetheschen Novellen, dem ,,Märchen'' und der ,,Novelle'', erkennen lernen, welch eine Kostbarkeit in einem Stück dichterischer Prosa liegt. Möchten sie hier, was ihnen so schwer fällt, lernen, daß wirklich gestaltete Prosa nicht geringerer Gnade bedarf als das lyrische Gedicht, an dem sie diese Gnade so willig zu erkennen bereit sind.   *(1949)*

Aus Goethes europäischer Welt

Karl Friedrich von Reinhard

In dem auf den Unglücksherbst von 1806 folgenden Jahr war Goethe früher, als das seiner Gewohnheit entsprach, nach Karlsbad aufgebrochen. Schon in der zweiten Maihälfte finden wir ihn unter den alten Bekannten, denen er alljährlich hier nahe zu sein pflegte; waren doch für ihn die Menschen, die Gesellschaft, so wichtig geworden wie einst die Natur. Goethe hat während seines ganzen langen Lebens den Umgang der Menschen bewußt gesucht, aber nun auf der Höhe seines Daseins sind sie ihm besonders bedeutsam geworden. Wer Goethes Welt und Wirken darstellt, der wird immer wieder zu der großen Schar eigentümlicher und bedeutender Menschen geführt, die seine Persönlichkeit wie ein Magnet an sich zu ziehen vermochte, und die Menschenwelt um ihn ist von seinem Leben und Wirken nicht fortzudenken, ja sie scheint in kaum geringerem Grade seine eigene Schöpfung wie sein Werk. Der Umgang mit den Frauen und Männern war ihm hier in Karlsbad so unentbehrlich wie im heimatlichen Weimar oder in Jena, ja dieser Umgang mag ihn nicht weniger erfrischt haben als die heilenden Wasser des Weltbades selbst, traf er doch gerade in diesen Jahren 1806 und 1807 eine stattliche Anzahl neuer Freunde, vor allem aus der großen Welt, Fürsten und große Herren.

Goethe zögerte nicht, an die, die er zu Freunden erwählt hatte, den Reichtum seiner eigenen Welt zu verschwenden, er nahm aber auch von ihnen, was sie ihm zu bieten hatten, vor allem war ihm je und je wichtig, zu beobachten, wie sich Welt und Zeit im Gemüte der Menschen, vornehmlich der Weltleute, spiegelten. So gehörten nicht nur die Männer des Geistes, der Wissenschaften und der Künste zu seinem regelmäßigen Umgang, sondern ebenso die gebildeten Weltleute, Fürsten, große Soldaten und Diplomaten. Je länger je mehr bildete sich auf diese Weise um Goethe eine europäische Welt, die für ihn ein unentbehrlicher Bestand seines Lebens wurde, mit deren Träger er im persönlichen und, soweit dies nicht möglich war, im brieflichen Kontakt blieb. Die Briefe, die Gespräche, die uns überliefert sind, bilden das gültigste Zeugnis für die Existenz einer Welt um Goethe, in die einzutreten für uns Nachlebende immer wieder eines der reizvollsten geistigen Erlebnisse darstellt. Es heißt das Werk Goethes nicht gering achten, wenn wir hier auf diese Welt hindeuten, aber es muß doch immer wieder bedacht werden, daß auch dieses Menschentum, dieser außerordentliche Menschenkreis eine Schöpfung seines einmaligen Genius war.

Eben in jenem Frühling und Sommer des Jahres 1807 verband sich eine der merkwürdigsten Männer der Epoche mit dem Dichter zu einer engen und in ihren Folgen besonders fruchtbaren Freundschaft. Es war dies der französische Diplomat deutscher Herkunft Karl Friedrich Reinhard, der, eben aus Jassy am Pruth zurückkommend, wo er schwere und gefährliche Erlebnisse zu bestehen gehabt hatte, in Karlsbad Erholung und Kräftigung seiner angegriffenen Gesundheit suchte. Reinhard kannte und bewunderte die Schriften Goethes seit langem, und die Art, wie er sich nun Goethe näherte, muß den Dichter stark beeindruckt haben, schrieb er doch in den ,,Tages- und Jahresheften'' in seiner vorsichtigen, aber durchaus das Wesentliche berührenden Art über diese Begegnung: ,,Schon der Moment, in welchem sich ein neuer würdiger Landsmann von Schiller und Cuvier darstellte, war bedeutend genug, um alsobald eine nähere Verbindung zu bewirken. Beide Gatten, wahrhaft aufrichtig und deutsch gesinnt, nach allen Seiten gebildet, Sohn und Tochter anmutig und liebenswürdig, hatten mich bald in ihren Kreis gezogen. Der treffliche Mann schloß sich um so mehr an mich, als er, Repräsentant einer Nation, die im Augenblick so vielen Menschen wehe tat, von der übrigen geselligen Welt nicht wohlwollend angesehen werden konnte.'' Goethes Worte berühren in ihrer Einfachheit die Mitte der Reinhardschen Lebensproblematik.

Dieser Schwabe, um zwölf Jahre jünger als Goethe und in der besten schwäbischen Geistestradition erzogen, war durch eine merkwürdige und kaum restlos deutbare Fügung des Schicksals auf die höchsten Höhen des diplomatisch-politischen Lebens in Frankreich getragen worden, eine Tatsache, die auch in dieser so bewegten und an seltsam verschlungenen Lebensläufen so reichen Epoche ihresgleichen nicht hat. Aber dieser Aufstieg in die angesehensten und verantwortungsvollsten Stellen des französischen Staatslebens vermochte Reinhard nicht glücklich zu machen. Ein dunkler Schatten lag auf seinem Dasein; Glück und Befriedigung gewährte ihm allein der Umgang mit dem deutschen Geistesleben und seinen bedeutsamsten Trägern. Diese Hingabe an den deutschen Geist verpflichtet uns, die Erinnerung an den merkwürdigen und bedeutenden Mann wachzuhalten, gibt es doch Lebensläufe, in die das indefinible Element einer Epoche eingegangen ist. Reinhards Leben gehört zu diesen, es ist gewiß nicht Ausdruck dieser Zeit, dazu ist es zu einmalig, aber ein Leben, so wie er es lebte, war in keiner anderen Epoche möglich als in der des zu Ende gehenden achtzehnten und beginnenden neunzehnten Jahrhunderts.

In Schorndorf, einer kleinen Stadt Schwabens, als Sohn eines Pfarrers geboren, fand Reinhard schon als Kind und als Knabe eine merkwürdige Berührung mit der Welt, in die er einst eintauchen sollte. Die Frauen von Schorndorf waren es

gewesen, die im Jahre 1688 ihre Männer ermutigten, sich den harten Forderungen General Mélacs zu widersetzen. Diese Frauen im Gedichte zu feiern, war das
früheste geistige Anliegen des Knaben, der berufen schien, ein Dichter zu werden. Die Dichter aber waren damals in Schwaben nicht selten. Indessen hatte
schon der Knabe Reinhard das Glück, in dem im nahen Lorch geborenen Karl
Philipp Conz einen Jugendfreund zu finden, mit dem er die leidenschaftliche
Hingabe an die Welt der Dichtung teilte. Conz aber wurde später der Führer jenes schwäbischen Klassizismus, der den Hintergrund so großer Gestalten wie der
Schillers und Hölderlins bildet und in der Hohen Karlsschule zu Stuttgart und im
Stift zu Tübingen eine außerordentliche Pflegestätte fand. Reinhards Weg führte
wie der so vieler Schwaben über die niederen theologischen Seminare ins Tübinger Stift, wo er sich neben der Theologie und Philosophie vor allem dem Studium
der Sprachen widmete. Wie aus so manchem anderen Stiftler wurde auch aus
Reinhard kein Geistlicher. Daß er ein französischer Diplomat wurde, das freilich
ist eine besondere Fügung des Schicksals, und doch war daran insofern das Stift
schuldig, als es ihm jenes gründliche Wissen vermittelte, um dessenwillen sich
die französischen Revolutionsmänner später seiner bedienen sollten.
Noch war es freilich erst die Dichtung, die ihn in ihren Bann schlug. Wir sehen
Karl Friedrich Reinhard in der Reihe jener nicht eben kleinen Schar junger
Schwaben, die sich gegenseitig im Schaffen beflügeln. Klopstock und Schubart
sind ihre Meister, und Johann Jakob Bodmers Lob zu erwerben, gilt ihnen als hohes Ziel. Die antiken Klassiker geben ihnen das Maß ihrer Dichtungen, und in
Georg Friedrich Stäudlins Almanachen und Blütenlesen, diesen Sammlungen
schwäbischer klassischer Dichtung, stehen denn auch Reinhards Verse neben
denen Schillers und Conzens, und später werden in diesen selben Sammlungen
die ersten Gedichte Hölderlins erscheinen. Reinhard schreibt formvollendete
Verse in antiken Maßen, eine pathetische Haltung erfüllt und beherrscht sie,
aber noch fehlt der eigene Klang, noch haben sie keine persönliche Physiogno-
mie, es ist das geistige Antlitz der Zeit, das ihren Charakter bestimmt. Aber sie
finden den Beifall Schillers und des geliebten und verehrten Johann Jakob Bodmer in Zürich. Im Herbst 1781 begegnet denn auch Reinhard zum ersten und
einzigen Male Schiller, der ihm ein Exemplar der eben erschienenen „Räuber"
schenkt. Bodmer aber, dem zu begegnen sich Reinhard seit langem sehnt, sollte
er nicht mehr von Angesicht zu Angesicht sehen. Denn als er in den Osterferien
1783 die lang erwartete Wallfahrt nach Zürich antrat, war Bodmer bereits tot.
Eine bewegte Totenklage auf Bodmers Grab gab von dem Schmerz Kunde, den
der Tübinger Dichterkreis ergriffen hatte. Als Reinhard nach Zürich kam, trat er
nicht nur an das Grab des toten Meisters, sondern huldigte dem Leben, indem er

Lavater besuchte und im Gedicht feierte. Ein anderer Geist gewann in diesen Jahren entscheidenden Einfluß auf ihn, das war Jean Jacques Rousseau, dessen Botschaft Reinhard wie ein Sturm ergriff. Aber noch deutete nichts auf den seltsamen Weg hin, den er bald einschlagen sollte. Noch lebte der junge Mensch ganz in dem geistigen Raum der Zeit, und es schien, als sollte er wie so viele andere Schwaben ein Dichter oder Literat werden, denn unablässig flossen neue Gedichte aus seiner Feder, und gleichzeitig mit dem Abschluß seines Theologiestudiums erschien in dem Züricher Verlag Orell, Geßner, Füßli & Comp. ein Buch: „Alb. Tibullus, in der Versart der Urschrift übersetzt. Mit einem Anhang von eigenen Elegien." Der Übersetzer und Verfasser des Buches war nicht genannt, aber es war kein anderer als der junge schwäbische Theologe Karl Friedrich Reinhard, der damit zum erstenmal Tibull ins Deutsche übertrug. Wichtig war der europäische Verlag, in dem das Buch erschien, wichtig war auch die Widmung, die es trug: „An den Grafen Friedrich Leopold zu Stolberg." Damit war erneut eine Verbindung zur großen Dichtung der Zeit hergestellt und es war ein Bekenntnis ausgesprochen zu dem Geist, dem Reinhard huldigte, dem Geist des deutschen Sturm und Drang. Nach Beendigung seiner Studien trat der junge Dichter als Vikar bei seinem Vater in Balingen in den geistlichen Dienst ein. Er ist freilich von diesem Amte nicht befriedigt. Eine Unruhe erfüllt ihn, aber welchen jungen Menschen dieser Zeit hätte sie in diesen Jahren nicht erfüllt? Wer, wenn er wachen Geistes und wacher Seele war, hätte nicht von einem Aufbruch in ein Neuland, von einem Ausbruch aus der stillen Bürger- und Philisterwelt geträumt? Auch Reinhard tat es, und wenn er von dem Traumland in seinen Gesängen spricht, so heißt dieses Land Tahaiti; dasselbe Land wird ein anderer Schwabe zwei Jahrzehnte später ebenfalls als das Land der Sehnsucht und der Zukunft nennen: Friedrich Hölderlin. Aber ein anderes ist die Sehnsucht und ein anderes die Erfüllung. Zunächst sucht Reinhards Seele fremde Länder auf, und es entstehen phantastische Feenmärchen in Versen, die an ähnliche Dichtungen Wielands erinnern, es entsteht aber auch eine Hymne an die Freiheit, die zeigt, daß die Saat Rousseaus im Herzen dieses jungen Schwaben aufgegangen ist. Karl Friedrich Reinhard sollte nun bald die stille schwäbische Landschaft verlassen, aber er wird nicht die Trauminsel der Südsee finden, das Schicksal wird ihn vielmehr statt in die Einsamkeit, nach der er sich sehnte, in die vielbewegte Welt der großen Politik führen. Wie manche andere jungen Dichter und Literaten der Zeit vertauscht er das Amt des gesicherten Vikariats mit dem schwanken Los des Hauslehrers. Zunächst führt ihn sein Weg in die Schweiz und von da nach Bordeaux. Ein anderer Schwabe ging zwei Jahrzehnte später denselben Weg: Friedrich Hölderlin. Wenn aber Hölderlin, von Bordeaux zurückkehrend, den Weg seiner tiefsten Verwandlung fand, so fand Reinhard von Bordeaux aus den Weg in die Weltwirbel der französischen Revolution, durch die er, hart am Tode vorbei, bis auf die höchsten Gipfel des französischen Staatsdienstes gehoben wurde. Wohl mag es uns schwer verständlich erscheinen, wie dieser junge Schwabe, dessen stilles, oft gehemmtes Wesen allen lauten Umtrieben der Welt fremd war, sich in einen der schwersten Umstürze der Weltgeschichte hineinreißen lassen konnte. Allein, wir dürfen nicht übersehen, daß Reinhard, wie so manche andere deutschen Geister seiner Zeit, von einem ideologischen Glauben an das hohe Ziel der Revolution erfüllt war. Er war also nicht ein einzelner, der der französischen Revolution verfallen war, aber der Weg, den er ging, war einzigartig. Denn Karl Friedrich Reinhard wurde nicht nur in den Revolutionssturm hineingerissen, er wurde vielmehr von den Wogen dieser Revolution ergriffen und auf jene Höhen getragen, auf denen wir von nun an sein äußeres Leben verlaufen sehen. Der Freund der Girondisten, als der er zunächst erschien, setzte sich geistig mit dem politischen Geschehen auseinander. In Berichten an das ,,Schwäbische Magazin'' und in einem ausführlichen Aufsatz, der in Schillers ,,Thalia'' erschien, beschäftigte er sich mit den Ursachen, dem Wesen und den Wirkungen der französischen Revolution. Aber er berichtete der alten Heimat nicht nur von dem, was in seiner neuen Heimat, als die er nun Frankreich bezeichnete, geschah, er versuchte vielmehr auch die Männer des neuen Frankreich in das einzuweihen, was in Deutschland groß und bedeutsam war: in das deutsche Geistesleben, die deutsche Literatur und vor allem die deutsche Philosophie. In den ,,Briefen über die Kantische Philosophie an einen Freund in Paris'', die in deutscher Bearbeitung in dem von dem Berliner Komponisten und Kapellmeister Johann Friedrich Reichardt herausgegebenen Journal ,,Deutschland'' erschienen und die ursprünglich für Abbé Sieyès geschrieben wurden, machte Reinhard den Versuch, den französischen Politiker und damit die ganze französische Führungsschicht mit Kants Philosophie bekannt zu machen. Es war also in erster Linie durchaus ein geistiges Bemühen, zwei Nationen im Augenblick einer für beide entscheidenden Weltstunde einander näher zu bringen, was Reinhard bewegte. Die deutsche Geistesgeschichte jener Jahre weiß von manchem ähnlichen Versuch zu berichten, kaum aber von einem, der von so persönlicher Schicksalhaftigkeit war wie der seine. Dieses Bemühen, die schwäbische Gründlichkeit der Auseinandersetzung, dieses reiche Wissen, dieses Eindringen in die geistigen Grundlagen einer politischen Bewegung ist es gewesen, durch das die französischen Freunde Reinhards veranlaßt wurden, ihn in die diplomatischen Dienste ihres Staates zu rufen. Im Grunde hat Talleyrand das Richtige getroffen, wenn er in seiner in der Académie gesprochenen Gedächtnisrede die Sätze prägte: ,,Er trat mit einem großen Schatze erworbener Kenntnisse in die Geschäfte. Er kannte wohl fünf bis sechs Sprachen, deren Literaturen ihm vertraut waren. Er hätte sich als Dichter und Historiker, als Geograph berühmt machen können." Es war also keine ursprüngliche politische Leidenschaft, kein Verlangen nach Macht und kein Ehrgeiz, die ihn auf die Bahn geführt hatten, auf der sich nun sein ganzes folgendes Leben vollenden sollte. „Immer hatt' ich ohne Calcul und wie instinktartig gehandelt: nicht ich hob mich, ich wurde gehoben" sagte Reinhard einmal mit Recht, und dieses Wort ist ein trefflicher Schlüssel zu dem Geheimnis seines Lebens, denn ein Geheimnis wird es bleiben, weil es eines der merkwürdigsten Doppelleben ist, die wir kennen. Nicht nur, daß Reinhard ein zweifaches Vaterland hatte, macht ihn und sein Schicksal merkwürdig, sondern auch die Tatsache, daß er im Grunde niemals glücklich, von seiner politischen Laufbahn niemals innerlich befriedigt war; daß seine Langsamkeit, seine Schwerfälligkeit, ja seine Menschenscheu oft in einem erschütternden Gegensatz zu der Welt stand, in die er durch seinen Beruf geworfen wurde, vervollständigt das Bild dieses Doppellebens. So hoch ihn seine Verdienste auf der Stufenleiter des diplomatischen Dienstes erhoben, so wenig durfte er sich dieser Erhebungen freuen. Wich doch niemals während seines ganzen Lebens das Gefühl von ihm, daß dieses Leben sich auf einer falschen Ebene abspiele, denn Glück und Befriedigung gewährte ihm allein der Umgang mit dem europäischen Geistesleben, vor allem dem deutschen, gewährte ihm die Hingabe an die Welt der Kunst, der Wissenschaften und der Studien. Daß Reinhard trotzdem nicht auf den Dienst verzichtete, daß er bei manchen sich bietenden Gelegenheiten nicht in seine Geburtsheimat zurückkehrte, scheint rätselhaft. Allein er fürchtete sich, je länger, je mehr, aus eigenem Entschluß und eigenem Willen in sein Schicksal einzugreifen. Es ist, als habe er dem Strom, der ihn einmal mit sich forttrug, blindlings vertrauen und gehorchen müssen. „Je unwiderstehlicher der Strom der Begebenheiten die Menschen und ihre Pläne mit sich fortreißt, um so weniger werd' ich mirs erlauben, eigenmächtig den Gang meiner Bestimmung zu lenken." Solche und ähnliche Sätze kehren in seinen Briefen immer wieder. Dazu kommt ein anderer Zug, der wiederum aus seiner schwäbischen Abstammung zu erklären ist: ein sehr strenges und unbegrenztes Pflichtbewußtsein. Auch dieses hat Talleyrand erkannt, wenn er in eben jener Gedächtnisrede sagte: „Wo fand er nun die Mittel des Erfolgs, woher schöpfte er seine Eingebungen? Er schöpfte sie in dem wahren und tiefen Gefühl, das alle seine Handlungen beherrschte, in dem Gefühl der Pflicht. Man weiß nicht, welche Stärke in diesem Gefühl liegt. Ein gänzlich der Pflicht geweihtes Leben ist frei von Ehrgeiz." Was so vielen Diplomatenleben ihren Impuls gab, ein grenzenloser Ehrgeiz, der war Reinhard fremd. So wurde dieser Mann, einmal in den Strom der Ereignisse geworfen, von diesem Strome fortgetragen. So mannigfaltig die äußeren Stationen seines ruhelosen Lebens waren, so mannigfaltig waren auch die inneren Erlebnisse. In London begann seine diplomatische Laufbahn, sie führte ihn über Neapel ins Ministerium des Auswärtigen. In den Tagen der Robespierreschen Schreckensherrschaft entging er mit knapper Not dem Tode. In der großen Elegie „Am Tag meiner Trauung" (12. Oktober 1796) schrieb er, auf seinen ganzen Lebensverlauf zurückblickend, über diese Tage:

> „Schon begannen des furchtbaren Kampfes Elemente zu glühen,
> Freiheit lallte das Volk, Priester und Adel! Ich sang
> wie Cassandra, von keinem geglaubt, mir selber nicht glaubend,
> ein weissagendes Lied, eh' die Bastille noch fiel.
> O, der glücklichen Zeit, da der werdenden Schöpfung sich freute,
> wem für die Menschheit ein Herz schlug und für eigenes Recht.
> Arimanes trat in die Schöpfung! Ich fühlt' ihn, ich sah ihn!
> Gräßlich grinste sein Mund, als er die Blüten zertrat.
> Damals harrt' ich des Todes mit kaltem, starrendem Gleichsinn,
> wie der gewohnten Nacht nach dem verschwundenen Tag.
> Damals ward sie gelöst, die zwote Täuschung! Und dennoch,
> wie die Gottheit, wie mich selber, so halt ich sie fest!
> Edle fielen! Es blieben mir Edle; wo keiner vertraute,
> traut ich Menschen mich an, schwach wie ich selber und gut;
> aus dem ungeheuren Verlust den Glauben an Menschheit
> hab' ich gerettet, und schon hat er mich herrlich gelohnt."

Nach Wiederherstellung der Diplomatie führte Reinhards Weg nach Hamburg und Florenz. Die Herbstmonate des Jahres 1799 sehen ihn an der Spitze der französischen Außenpolitik. Über die Schweiz kommt er abermals nach Hamburg, von da nach Jassy und endlich für längere Zeit als Sondergesandter am Hofe von Napoleons Bruder Jerôme nach Kassel. Nach Napoleons Sturz ward er Frankreichs Gesandter beim Bundestag in Frankfurt am Main und später Gesandter in Dresden. Viel Widriges ist ihm auf diesen Posten begegnet, aber er hat sich dadurch in der treuen und gewissenhaften Erfüllung seiner Pflichten nicht erschüttern lassen. Freilich der Schatten, der sich schon frühe über sein Leben legte, jene so häufig wiederkehrenden Verdüsterungen seines Gemütes, scheint durch diese Erfahrungen und Erlebnisse vergrößert worden zu sein. Was Reinhard in diesen vielen Jahren für den französischen Staat geleistet hat, gehört der französischen Geschichte an, die freilich die Erinnerung an den „schwäbischen Vikar", wie er mitunter bezeichnet wurde, fast völlig vergessen hat. Napoleon, mit dem Reinhard nur schwer in ein gutes Verhältnis kam, nannte ihn auf St. Helena „un honnête homme, d'une capacité ordinaire". Talleyrand hat die Verdienste seines Mitarbeiters in der Gedenkrede, die er in der Académie hielt, gewürdigt, aber er rückte dabei den Schwaben auf einen zweitrangigen Platz. Eines jedenfalls ist gewiß: Hätte Reinhard nur dem französischen Staate als Diplomat gedient, so wäre sein Name heute längst vergessen. Vielleicht erinnerte man sich dann und wann des merkwürdigen, abenteuerlichen und märchenhaften Lebenslaufes. Dem Gedächtnis der französischen Nation längst entfallen, lebt Reinhards Namen aber im Gedächtnis der deutschen Nation fort als einer jener Geister, deren Zugehörigkeit zum deutschen Geistesleben weniger auf selbstschöpferischer als auf fördernder, anteilnehmender und schließlich receptiver Grundlage ruht. Daß Reinhard durch sein ganzes Leben hin Gedichte schrieb, die neben den Schöpfungen der Klassizisten bestehen können, darf nicht unerwähnt bleiben, obgleich auch dieses Tun ihn kaum unsterblich gemacht hätte. Aber es spricht diese Form der Äußerung für sein Gebundensein an den geistigen Raum der Heimat, die er übrigens nie verleugnet und immer wieder aufgesucht hat, wie er auch seinen Jugendfreunden über alle Verwandlungen seines äußeren Lebens hin die Treue hielt. Dafür aber spricht am gültigsten seine unermüdliche Teilnahme am geistigen Leben selbst. Wir sahen ihn im Jahre 1807 in Karlsbad mit Goethe Freundschaft schließen. Wenn auch Goethe der größte und von Reinhard am tiefsten geliebte Freund aus dem Bereich des deutschen Geistes war, so war er doch keineswegs der einzige, vielmehr war Reinhard von seiner frühen Jugend an nicht müde geworden, zu den Männern der deutschen Kunst und Wissenschaft freundschaftliche Beziehungen anzuknüpfen. Wir sahen ihn, wie er Schiller in seiner Jugend nahe trat und wie er auch durch Briefe von Frankreich aus die Beziehungen zu ihm aufrecht erhielt; wir finden ihn im Kreise der jungen schwäbischen Klassizisten, und seine Freundschaft mit Carl Philipp Conz währte über sein ganzes Leben hin. In Hamburg aber traf er einen der wichtigsten Mittelpunkte des damaligen deutschen Geisteslebens, der sich im Reimarus'schen Hause versammelte. Wir kennen Reimarus, den Fragmentisten aus dem Leben und Geisteskampfe Lessings; sein Sohn, der Arzt Johann Albert Heinrich Reimarus, wurde Reinhards Schwiegervater. Aber nicht nur die Frau dankte Reinhard diesem gastlichen Hause, sondern auch die Bekanntschaft mit so vielen Männern des deutschen Geisteslebens. Hier im Hause der Schwiegereltern und im Landhaus Neumühlen, das dem Schwager Reinhards, Georg Heinrich Sieveking gehörte, gingen viele bedeutende Deutsche aus und ein, hier trafen sich Männer aus allen geistigen Strömungen, hier wurde in unendlichen Gesprächen das geistige Leben der Zeit beschworen. Viele der zukünftigen Begegnungen mit Männern des deutschen Geisteslebens gehen auf dieses Haus zurück. Von den zahlreichen Freunden, die Reinhard verbunden waren, seien hier nur die wichtigsten genannt: Johannes von Müller, der Historiker der Schweiz, der Maler

Philipp Otto Runge, der Kapellmeister Reichardt, Heinrich Steffens, Adam Müller, Hammer-Purgstall, Georg Kerner, der Bruder des Dichters Justinus Kerner, der Arzt Johann Gottfried Ebel, der Schilderer der Schweizer Landschaft und der Freund des Hauses Gontard in Frankfurt, durch dessen Vermittlung Hölderlin die Hofmeisterstelle in diesem Hause erlangte, Karl von Villers, der aus Lothringen gebürtig, zu einem leidenschaftlichen Freunde des deutschen Geistes wurde, also ein umgekehrtes Schicksal wie Reinhard selbst erfuhr und der wiederum Reinhard zu jenem Kreise in Beziehung brachte, der sich um Benjamin Constant und Madame de Staël scharte. Weiter gehörten zu seiner Freundschaft die Frau des Senators Rotte, eine geborene Dorothea von Schlözer, Friedrich und Dorothea Schlegel, die Gebrüder Grimm und endlich Sulpiz Boisserée, mit dem er sein rheinisches Besitztum Apollinarisberg teilte. Für viele dieser Männer konnte Reinhard hilfreich sein, wie denn seinen Bemühungen, vor allem während seiner Kasseler Zeit sehr viel zu danken ist.

Es war weit mehr als nur die freundschaftliche Zuneigung, die Reinhard an diese Männer und Frauen band, es war der Wunsch, unmittelbar teilhaben zu dürfen am Werden und Wachsen des deutschen Geistes, es war sein Anliegen, helfen und fördern zu können, so weit das in seiner Kraft lag. So wurde sein Leben für den deutschen Geist immer mehr zu seinem eigentlichen Leben, so daß er im Jahre 1816 an Goethe schreiben konnte: ,,Nach dem so sonderbar vereitelten Entschluß, in den Schoß des Geburtslandes wieder zurückzutreten, und müde zwischen zwei Nationen länger zwischeninne zu stehen, weiß ich nun wenigstens, wem ich angehöre''. Goethe scheint diese Verbundenheit Reinhards mit seiner Person und seinem Werke gefühlt zu haben, denn immer wieder bekennt er, wie wichtig ihm unter seinen zahlreichen Freunden gerade Reinhard ist. Wenn es der Briefwechsel, den die beiden Männer miteinander geführt haben, nicht sagen könnte, so müßten es unmittelbare Bekenntnisse Goethes aussprechen, der 1823 anläßlich eines Besuches Reinhards in Weimar dem Kanzler Müller sagte: ,,Ich lasse ihn so bald nicht fort, ich klammre mich an ihn.'' Kanzler Müller, mit dem Reinhard ebenfalls in Freundschaft verbunden war, und dem er besonders in den Jahren nach Goethes Tod nahe blieb, hat das Verhältnis beider Männer trefflich gekennzeichnet: ,,Wenn Goethe an vielseitiger Wissenschaftlichkeit und genialer Anschauung des Lebens voraus war, so erbaute er sich dagegen an der geistreichen Auffassungsgabe Reinhards, an seiner edlen, durchaus zarten Sinnesweise und an dem reichen Schatz von Erfahrungen, die Reinhard in einem vielbewegten, oft gefahrvollen Leben gesammelt hatte. Es wurde für beide ein hoher Genuß, die Früchte ihrer Studien und Beobachtungen und in so gar manchem Sinne den Gewinn ihres Lebens treulich auszutauschen.'' Für Reinhard war das Werk Goethes immer wieder die Quelle der Kraft und der inneren Erhebung. „Hier liegt der Keim alles Guten und Schönen, das unsere in ihrer eigenen Üppigkeit verdorbene Literatur wieder befruchten wird. Ihre Werke stehen, ein unvergängliches Denkmal, über unseren literarischen und politischen Trümmern; und sollten die neuesten Schöpfungsversuche in ihr Nichts versinken, sollten die Fluten des Westens und des Ostens über Deutschland zusammenschlagen, so würde doch Ihr Name bezeugen, daß wir gewesen sind." Wenige Zeitgenossen haben das Werk Goethes in dieser großen Perspektive gesehen, keiner aber ist so wie Reinhard für eines der persönlichsten Werke Goethes, für die Farbenlehre eingetreten. „Nach meiner Meinung ist sie eines seiner genialsten Werke und in jeder Hinsicht klassisch. Bis wir aber, besonders hierzulande, uns von der starren mathematischen Ansicht, die mir eben in diesem Gebiet so ganz einseitig und ungenügend erscheint, losgerissen haben, wird noch lange Zeit hingehen."

Goethe war nicht arm an Freunden und Bewunderern, aber derer, die ihn völlig erkannt haben, waren nicht viele. Unter ihnen nimmt Graf Karl Friedrich von Reinhard, in welchen Rang er im Jahre 1815 erhoben wurde, eine besondere Stelle ein. Der Briefwechsel zeigt das, zwei reife Männer tauschen in ihm ihre Gedanken über Welt und Leben aus, sie sprechen über ihre Arbeit und über den Auftrag des Geistes in der Welt, sie sprechen aber auch über das, was ihnen ein vielbewegtes und langes Leben an unmittelbaren Erlebnissen und Erfahrungen schenkte. Wenn man aber Reinhard mit einem anderen Freunde Goethes vergleichen will, so mag man an Wilhelm von Humboldt denken, wobei freilich auch die Gegensätzlichkeit beider Naturen in Erscheinung tritt. Reinhard und Humboldt sind sich verschiedene Male begegnet, und die Achtung, die einer vor dem anderen zeigte, spricht für ihre menschliche Größe.

Für Goethe war Reinhard über die persönlich-menschliche Zuneigung hinaus der Träger einer europäischen Lebens- und Geistesluft, wie er sie so sehr für sich selbst, seine Welt und sein Werk benötigte. Das Verlangen des Weltmannes nach einer sehr verinnerlichten Teilnahme am geistigen Leben der Nation hatte Goethe wie auch die anderen Freunde Reinhards, soweit sie dem deutschen Geistesleben angehörten, ergriffen und bewegt. Für Goethes Leben und Wirken war die Freundschaft mit Reinhard noch dadurch bedeutsam, daß durch ihn die enge Beziehung Goethes zu Sulpiz Boisserée angebahnt wurde, eine Verbindung, die nicht nur für Boisserées Pläne, sondern auch für Goethes Verhältnis zur deutschen Kunst folgenreich werden sollte. Aber weit über das unmittelbar Faßbare hinaus war Reinhard für Goethe einer der wichtigsten Menschen seines Kreises, wir hören es aus den Briefen, wir spüren es aus jeder Begegnung, die der Dichter mit dem Weltmann hatte. Wir glauben, daß es das schwer bestimmbare Element der geistigen Weltluft war, die Goethe bei Reinhard fand. Denn Reinhard war ja nicht nur dem deutschen und französischen Geistesleben verbunden, er spürte auch anderen großen Erscheinungen des europäischen Geistes nach, wir erinnern hier nur an seine Begegnung mit Manzoni, die im Briefwechsel mit Goethe eine Rolle spielt. Diese einmalige Verbindung besten deutschen Geistes und erfahrenen Europäertums mag Goethe, der in diesen Jahrzehnten wahrhaft das Herz einer abendländischen Geisteswelt war, ergriffen haben. *(1949)*

Goethes Fragmente

So oft ich die Ausgabe von Goethes „Faust" im Bande der Gesammelten Werke aufschlage, die 1790 unter dem Titel „Faust, ein Fragment" erschien, ebenso oft tritt das Geheimnis des Fragmentarischen und insbesondere des Goetheschen Fragmentes vor meine Seele. Ich erinnere mich des Faust-Fragments von Lessing und versuche mir vorzustellen, daß wir nichts als dieses Goethesche Fragment besäßen, wenn das Schicksal uns Goethe, so wie Schiller, im frühen Alter entrissen hätte. Dazu käme freilich die zwischen 1770 und 1775 geschriebene, aber erstmals 1787 gedruckte frühe Gestalt des „Urfaust". Das ganze Gedicht aber, so wie es heute als eine der großen Kostbarkeiten unseres Schrifttums uns zu eigen ist, wäre verloren gewesen. Wir wissen freilich auch nicht, ob wir es besäßen, hätte Schiller nicht den Freund zur Fortsetzung und zur Vollendung des Fragments ermutigt. Dergleichen sollten wir immer wieder bedenken, denn es spricht für die Schicksalhaftigkeit alles menschlichen Tuns und aller menschlichen Lebensform.

Aber dieses Fragment „Faust" ist nur eines von vielen Fragmenten, die uns jede gute Ausgabe der Goetheschen Werke vermittelt. Es gehört zeitlich zu jenen unvollendeten Arbeiten, die den Dichter charakterisieren können, der in den frühen Zwanzigerjahren seines Lebens daran ging, im Wort zu gestalten, wovon seine Seele voll war: große gewaltige Visionen, welthistorische Gestalten. Wir nennen diese Epoche die Sturm- und Drangzeit des Dichters, jene Zeit jungen Erwachens zu sich selbst; jene Epoche der Hingabe an die große Natur, wie sie ihm Herder wies und wie sie in „Wanderers Sturmlied" Gestalt gewann. Es war auch die Zeit, da der junge Mensch in Straßburg die Gotik entdeckte, sich am Volkslied entzündete und im Werk Shakespeares eine Form des Dichtertums kennen lernte, die ihm, der an der französischen Literatur zum Dichter erwachte, bisher fremd gewesen war. Es waren titanische Kräfte, die in ihm walteten, und es ist kein Zufall, daß auch die Versuche, dieses sein Inneres in der Sprache auszudrücken, sich in Titanengestalten offenbarte. Es ist das Chaos, das gebändigt werden will, und die wichtigsten der frühen Fragmente, die zur Zeit der Arbeit am „Faust" entstanden, sind Zeuge dieses titanischen Ringens. Nicht frei erfundene Figuren sind die Helden dieser Dichtungen, vielmehr wählt Goethe Gestalten der Mythologie, der Geschichte und der Religionsgeschichte, um in ihnen darzustellen, was sein eigenes Innere bewegt und nach Gestalt verlangt. Goethe hätte diese Gestalten nie wählen können, wären sie nicht alle seinem eigenen Lebensgefühl, seinem eigenen Lebensglück und seiner Lebensnot verwandt gewesen. Wenn andere neben ihm um des Sturmes und Dranges willen dichteten, weil ein Gefühlsüberschwang in ihnen nach Ausdruck verlangte, so dichtete Goethe um der Gestalten willen, die er lebendig vor sich sah, mit denen und in denen er sich von sich selbst zu befreien suchte. Es waren große Würfe, die ein junger Mensch hier wagte, ohne zu wissen, ob seine Kräfte ausreichen würden, sie zu vollenden. Was uns von diesen begonnenen Dramen „Mahomet" und „Prometheus" erhalten ist, deutet an, daß die Kraft zwar nicht gering war, daß sie aber nicht ausreichen konnte, um zu vollenden, was die Vision des Dichters schaute. Hier spricht ein Dichter, dessen Inneres von seltenem Reichtum seelischen und geistigen Besitzes war, hier versucht sich ein Sprachgestalter, dessen Sprache neu und wie aus einem Ur-Quell strömend erscheinen mußte. Aus großen Tiefen waren die Visionen heraufgerufen worden, aus großen Tiefen kamen auch die Kräfte, sie zu gestalten. Wenn die Pläne trotzdem Fragment blieben, so weniger aus persönlichen als aus überpersönlichen Gründen. Ein ungebändigter Drang zur Bewegung und zur Unruhe riß Goethe von Gestalt zu Gestalt fort. Noch vermochte er sich nicht auf einen Punkt zu konzentrieren. Wir müssen uns diesen jungen Menschen vorstellen, wie er die gewaltigen Gestalten der Mythen und der Geschichte: Mahomet und Prometheus, Cäsar und Sokrates, anrief, um mit ihnen Zwiesprache zu halten. Das Ergebnis dieser Zwiesprache sind die Fragmente „Mahomet" und „Prometheus", „Faust" und die vollendete Dichtung „Goetz von Berlichingen". Wie eng diese dramatische Produktion mit seiner ganz im Bekenntnishaften begründeten Lyrik dieser Jahre zusammenhängt, wird deutlich, wenn wir sehen, wie die großen Monologe aus beiden Fragmenten neben der Lyrik dieser Jahre ihren Platz haben. Auch die stärkste Kraft muß versagen, wenn die Konzeption die Möglichkeiten eines Zeitalters übersteigt. Nicht in jedem Zeitalter ist jedes Kunstwerk möglich. Was einem Dichter der griechischen Hoch-Zeit zu gestalten erlaubt war, das konnte einem Dichter des 18. Jahrhunderts versagt werden. Das erkannte Goethe, er lernte sich bescheiden und bändigen. Die begonnenen Dramen ließ er auf dem Weg zurück, der zu „Iphigenie" führte, dem hohen Leitbild edler Menschlichkeit. Hinter ihm blieb die Epoche des Titanentums und mit ihr die Fragmente, die ihr Ausdruck sind. Nie mehr hat Goethe später auch nur den Versuch unternommen, sie weiter zu fördern und zu vollenden. Er wußte, daß auch ein Dichter nicht zweimal in denselben Strom treten kann. Als ihm Prometheus wieder nahe kam, sah und gestaltete er ihn nicht als Symbol des titanischen, sondern des tathaften Lebens, dem er das Symbol des kontemplativen Lebens in der Gestalt des Epimetheus entgegenstellte. Das geschah in der „Pandora", von der noch die Rede sein soll.

Aus verwandten, wenn auch nicht aus gleichen Gründen blieb eine andere Tragödie Goethes Fragment: „Elpenor", an der er 1781 bis 1783 arbeitete, nachdem er „Iphigenie" vollendet, aber noch nicht den „Tasso" begonnen hatte. Gestaltete der Dichter die „Iphigenie" nach einer antiken Quelle, so erfand er den Elpenor-Stoff selbst. Wie in der „Iphigenie" geht es auch hier um die Gestaltung einer fluchartigen Schuld, indessen aber scheint hier nicht ein Ausweg zur Versöhnung gegeben, vielmehr muß Elpenor, so wie es uns die Anlage des Fragmentes erkennen läßt, untergehen, weil er entweder den Vater töten oder einen den Göttern geschworenen Eid brechen muß. Es erhebt sich die Frage, warum Goethe dieses Gedicht nicht vollenden konnte. Nicht wie bei den früheren Versuchen hat ihm hier die Kraft gefehlt, Visionen Gestalt zu verleihen, die gar nicht gestaltet werden konnten, vielmehr scheint er sich vor einer Wiederholung des Iphigenienthemas gescheut zu haben. Wiederholungen waren nicht in seiner Art, sie konnten nicht im Wesen eines Dichters liegen, dem das Urerlebnis die reinste Quelle des Schaffens war. Schiller, dem Goethe im Juni 1798 das Fragment übersandt hatte, ohne sich zur Verfasserschaft bekannt zu haben, schrieb am 25. Juni: „... auch das Drama folgt zurück; ich habe es gleich gelesen und bin in der Tat geneigt, günstiger davon zu denken, als Sie zu denken scheinen. Es erinnert an eine gute Schule, ob es gleich nur ein dilettantisches Produkt ist und kein Kunsturteil zuläßt. Es zeugt von einer sittlich gebildeten Seele, einem schönen und gemäßigten Sinn und von einer Vertrautheit mit guten Mustern. Wenn es nicht von weiblicher Hand ist, so erinnert es doch an eine gewisse Weiblichkeit der Empfindung, auch insofern ein Mann diese haben kann. Wenn es von vielen Longueurs und Abschweifungen, auch von einigen, zum Teil schon angestrichenen, gesuchten Redensarten befreit sein wird, und wenn besonders der letzte Monolog, der einen unnatürlichen Sprung enthält, verbessert sein wird, so läßt es sich gewiß mit Interesse lesen. Wenn ich den Autor wissen darf, so wünsche ich, Sie nennten mir ihn ..."

Drei Tage später bekennt sich Goethe zu seiner Verfasserschaft: „Es können ohngefähr sechzehn Jahre sein, daß ich diese beiden Akte schrieb, nahm sie aber bald in Aversion und habe sie seit zehn Jahre gewiß nicht wieder angesehen. Ich freue mich über Ihre Klarheit und Gerechtigkeit, wie so oft schon, also auch in diesem Falle. Sie beschreiben recht eigentlich den Zustand, in dem ich mich befinden mochte, und die Ursache, warum das Produkt mir zuwider war, läßt sich nun auch denken ..."

Dennoch hat Goethe im Jahre 1806 eine zweite Fassung des Werkes unternommen und zwar im Gegensatz zur ersten, die in Prosa geschrieben war, nun in Versen. Doch auch sie blieb unvollendet, ein Zeichen, wie sehr sich der Dichter inzwischen von seinem Stoffe entfernt hatte, wie er als schöpferischer Mensch des Urerlebnisses bedurfte, um schaffen und gestalten, bilden und formen zu können. Er bedurfte, wie kaum ein anderer Dichter, des ungebrochenen Kontaktes mit dem glühenden Erlebnisstoff, um ein Werk zur Vollendung zu bringen. Die Arbeit des Umgestaltens am Elpenor-Stoff fällt indessen in eine Zeit, in der der alternde, nach Schillers Tod vereinsamte Dichter mit einem verwandten, ebenfalls antiken Quellen entnommenen Stoff rang: mit dem Prometheus-Epimetheus-Mythos, dessen fragmentarische Gestaltung uns in dem Festspiel „Pandora" entgegentritt. Friedrich Gundolf hat überzeugend gezeigt, wie dieses Fragment in die Reihe der Festspiele und Maskenzüge gehört, die Goethe aus äußeren Anlässen, gleichsam als Pflichtarbeit für seinen Hof, schrieb. Wir dürfen solche Arbeiten auf keinen Fall gering achten, sie haben ihr Daseinsrecht und können wie hier die Form eines Kunstwerkes annehmen. Gewiß, wenn Goethe nur sie geschrieben hätte, wäre sein Name heute nicht als der eines Erneuerers und Mehrers der deutschen Sprache und der gesamten deutschen geistigen Welt zu nennen. Ein äußerer Anlaß für dieses Festspiel war indessen gegeben, Goethe schrieb darüber in den „Tages- und Jahresheften": „Als das wichtigste Unternehmen bemerke ich jedoch, daß ich ‚Pandoras Wiederkunft‘ zu bearbeiten anfing. Ich tat es zwei jungen Männern, vieljährigen Freunden, zuliebe. Leo von Seckendorff und Dr. Stoll; beide von literarischem Bestreben, dachten einen Musenalmanach in Wien herauszufördern; er sollte den Titel ‚Pandora‘ führen, und da der mythologische Punkt, wo Prometheus auftritt, mir immer gegenwärtig und zur belebten Fixidee geworden, so griff ich ein, nicht ohne die ernstlichsten Intentionen, wie ein jeder sich überzeugen wird, der das Stück, soweit es vorliegt, aufmerksam betrachten mag."

Goethe war in den Jahren, in denen er die Grenze des Mannesalters erreicht hatte, daran gelegen, die Erfahrungen seines reichen Lebens in einer Gestalt darzustellen. Daß er dabei Prometheus wählte, mag weiter nicht erstaunlich sein, daß er aber den tathaft-aktiven Prometheus dem schauend-kontemplativen Epimetheus gegenüberstellte, deutet an, wie weit er sich von jenem Prometheus seiner Jugend, der weniger ein großer Täter als ein Schöpfer im Sinne echten Titanentums war, entfernt hatte. So entstand große Bildungsdichtung, beladen mit der reichen Weisheit des Mannesalters, vollgestopft mit Wissen um die Geheimnisse der Kultur, und erfüllt von Bildern des Augenmenschen Goethe, der sich zur Vollendung der großräumig geplanten und weit gespannten Arbeit nicht entschließen konnte, weil er einsah, wie weit sich dieses Gebilde von der glühenden Mitte seines eigenen Lebens entfernt hatte. So ist „Pandora" ein Fragment geblieben. Die Notizen zeigen, daß Goethe eine Fortsetzung plante, die weit über das vorliegende Werk hinausgreift.

Viele Jahre später, am 21. Oktober 1823, kam er in den Gesprächen mit Eckermann auf das Fragment zurück. Eckermann schrieb darüber: ,,Ich war diesen Abend bei Goethe. Wir sprachen über die ,Pandora'. Ich fragte ihn, ob man diese Dichtung als ein Ganzes ansehen könne, oder ob noch etwas Weiteres davon existiere. Er sagte, es sei weiter nichts vorhanden, er habe es nicht weiter gemacht, und zwar deswegen nicht, weil der Zuschnitt des ersten Teils so groß geworden, daß er später einen zweiten nicht habe durchführen können. Auch wäre das Geschriebene recht gut als ein Ganzes zu betrachten, weshalb er sich auch dabei beruhiget habe.

Ich sagte ihm, daß ich bei dieser schweren Dichtung jetzt nach und nach zum Verständnis durchgedrungen, nachdem ich sie so oft gelesen, daß ich sie fast auswendig wisse. Darüber lächelte Goethe. ,Das glaube ich wohl', sagte er ,es ist alles wie ineinander gekeilt.'

Ich sagte ihm, daß ich wegen dieses Gedichts nicht ganz mit Schubarth zufrieden, der darin alles das vereinigt finden wolle, was im ,Werther', ,Wilhelm Meister', ,Faust' und ,Wahlverwandtschaften' einzeln ausgesprochen sei, wodurch doch die Sache sehr unfaßlich und schwer werde.

,Schubarth', sagte Goethe, ,geht oft ein wenig tief; doch ist er sehr tüchtig, es ist bei ihm alles prägnant.'''

Gewiß hatte Schubarth recht, Goethe versuchte damals, alles das in dem kleinen Werk darzustellen, was in den genannten Werken jeweils aus einem Urerlebnis heraus Gestalt angenommen hatte. So sehr Goethe betont, das vorliegende Stück könne als ein Ganzes betrachtet werden, ebensosehr dürfen wir es als ein Fragment nehmen, das auf eine größere, gewaltigere Konzeption zurückweist. Goethe wandte sich, wie er in den Annalen von 1807 schreibt, den ,,Wahlverwandtschaften'' zu; die Arbeit an diesem Roman gab ihm, wie es ihm gemäß war, die Möglichkeit, einen seinen Erlebnissen entgegenkommenden Stoff zu gestalten.

Überschauen wir die großen Fragmente Goethes, so dürfen wir erkennen, daß sie alle auf eine ihm eigentümliche Art des Dichtertums zurückdeuten, insofern groß und genial konzipierte Werke im Plan und im Fragmentarischen steckenbleiben, sobald die Verbindung eines Stoffes zum Innersten seiner eigenen jeweiligen Erlebniswelt abbrach. Das will sagen, wenn der Lebensstrom, aus seinem Innern kommend, sich nicht mehr glühend in die werdende Gestalt ergießen konnte. Nicht äußere Momente sind es, die eine Goethesche Arbeit Fragment bleiben lassen, sondern innere. Große Dichtung zu schaffen und zu vollenden, war Goethe nur möglich, wenn das Gestalten auch die Vollendung des jeweiligen Lebenszustandes bedeutete. So sind die großen Werke seines Lebens vollendet worden, und so sind andere, nicht minder groß konzipierte, liegen geblieben. Daß er das Faust-Fragment wieder aufgriff und nicht nur im ersten Teil vollendete, sondern ihm im zweiten Teil eine ganz anders geartete Dichtung beifügte, spricht nicht gegen diese Einsicht, insofern eben der zweite Teil zeigt, wo der reife und alternde Goethe stand und wie er nun ein anderes Erlebnis dichterischer Art hatte als in der Jugend und im ersten Mannesalter. *(1955)*

Doktor Faust

Geheimnis umwittert die Gestalt, die aus dem Dunkel der Jahrhunderte plötzlich heraustritt ins helle Licht der Gegenwart. Vom „ruchlosen Leben und Ende des D. Johann Faust" weiß schon das Spießsche Volksbuch aus dem Jahre 1587 zu berichten. Neben anderen Gestalten der Mythen und Märchen, der Sagen und Legenden, wie sie das Volk aufgreift, weil sie ihm nahe sind, führt er sein Dasein bis die Dichter erscheinen, um sich seiner zu bemächtigen. Es sind viele, die nach ihm greifen, um seine Gestalt mit Blut von ihrem Blut und Geist von ihrem Geist zu füllen, um sie zu verwandeln ein jeder nach seinem Sinn und seinem Jahrhundertgeist. Ich kann sie hier nicht alle aufführen, nur an den Engländer Marlowe will ich erinnern und an Gotthold Ephraim Lessing, der über Jahre hin mit dem Faust-Stoff rang, uns nicht *mehr* hinterlassend, als Fragmente, bei deren Lektüre uns die Trauer überfällt über den Verlust des Ganzen. Auch ein paar Briefe sind uns überkommen, aus denen das Glück zu spüren ist, das dieser so herbe und unpathetische Geist im Umgang mit seinem Faust erfuhr.

Dann aber tritt ein Dichter auf, ein einziger, der diese Gestalt ergreift, nachdem er ihr, als Knabe noch, im Volksbuch und im Puppenspiel begegnet war: *Johann Wolfgang Goethe.*

Der junge Mensch, noch erfüllt von mancherlei Lebenselementen, die diesem Magier und Zauberer zu eigen waren, greift nach seiner Gestalt, um ihr aufzuladen, was in ihm selber nach Ausdruck verlangt, um durch sie mitzuteilen, was er zu sagen hat, sich selbst und denen, von denen er glaubt, daß sie auf ihn hören. Im Umgang mit Faust hat er sich von vielem befreit, was ihn bewegte und quälte: Von dem titanischen Drang ins Unendliche, von dem prometheischen Verlangen nach dem Unerreichbaren, von dem Willen, letzte Lebensgeheimnisse zu enthüllen.

Geheimnisvoll wie die Gestalt sind die Blätter, die der junge Dichter beschreibt. Sie begleiten ihn auf vielen Wegen, und in vielen Bereichen seines Daseins liegen sie bereit, daß er fortspinnt, was einmal begonnen wurde. Es entsteht eine Dichtung, die wir heute „Urfaust" nennen. Aber sie bleibt Jahre lang verschlossen unter den Papieren des Dichters. Was 1770/71 begonnen wurde, tritt als „Fragment" 1790 zutage.

Es bedarf der Zureden des Freundes, daß der, der inzwischen so vielen Gestalten Leben verlieh, vollende, was so groß begonnen worden war. Friedrich Schillers Anteil an der Vollendung der Faustdichtung sollten wir nicht vergessen.

Doch dann war eines Tages dieses Gedicht da. Diese Gestalt trat vor die Nation, als sie einen schweren Weg zu gehen hatte. Einem ersten Teil, der 1808 an den

Tag kam, folgte ein zweiter, den der Verfasser, unbegreiflich für unser nachvoll-
ziehendes Verstehen, aber dennoch voll tiefer, in große Geheimnisse reichender
Symbolik, einschloß, versiegelte, damit er erst zutage trete, nachdem er selbst
diese Erde verlassen hatte. In dem letzten Brief seines Lebens spricht er zu Wilhelm von Humboldt von diesem Mysterium in mehr andeutender als erklärender
Weise.

Von nun ab ist Faust, diese aus dem Dunkel des Mittelalters heraustretende Gestalt, mit Goethes Namen verbunden. Viele Dichter haben nach dem Stoff ge-
griffen, darunter so große wie Lenau und Grabbe, dieser versuchte Faust mit Don
Juan zu verbinden, aber sie haben nichts geschaffen, was diesen Faust Goethes
übertraf, auch Paul Valéry nicht, Frankreichs großer Dichter.

So wie Goethe uns den Faust geschaffen hat, ist es *sein* Faust, aber auch *unser*
Faust geworden. Diese Gestalt trat jetzt neben die großen Gestalten der Welt-
literatur, diesen geheimnisvollen Trägern des Schicksals ganzer Völker, ja des
Menschen in seiner Größe wie in seiner Ausgesetztheit: Achill und Odysseus,
Ödipus und Antigone, Don Quichote und Hamlet, Don Juan und Iwan Karama-
soff.

Wir Deutsche haben anderthalb Jahrhunderte lang auf diesen Faust geblickt,
fasziniert und verwirrt, oft uns zu ihm bekennend, und von ihm sprechend wie
von einem Bruder im Geiste, oft ihm folgend wie einem lockenden und verlok-
kenden Vorbild.

Nicht immer erkannten wir, daß der Dichter, der ihn geschaffen hatte, um anderthalb Jahrhundert seiner Zeit vorausgeeilt war. Wer begriff in der vollen
Tiefe dieses Wortes, daß *er* unternahm, was *wir* unternehmen wollen: Fahrten
durch die Luft auf einem fliegenden Mantel, den Mephisto ihm gereicht, vergaßen wir nicht, daß er es war, der dem Kaiser riet, Papiergeld zu schaffen als das
echte Geld dahinschwand? Wie lange übersahen wir, daß dieser Gewaltige, von
dem wir fasziniert waren, dessen große, ehrwürdige Worte wir leichthin im
Munde führten, am Ende seiner Tage Schuld auf sich lud, wie sie schwerer kaum
zu denken ist: daß er, der nicht müde werden konnte in seinem Verlangen nach
dem Höchsten und Letzten, das Lebensglück eines alten Ehepaares zerstörte:
Philemon und Baucis. Hörten wir nicht den Klageruf der alten Leute erst als er
uns selbst traf?

Unheimlich wurde uns die Gestalt, je öfter wir ihr begegneten. Als Jünglinge ließen wir uns fortreißen, als Männer nahten wir uns immer wieder der Welt, in
der er sein Wesen trieb. Jedesmal war er neu und jedesmal ging von ihm auf uns
ein Zauber über, den wir nicht zu erklären, wohl aber je und je zu erleben ver-
mochten.

Noch lebt er, dieser Dr. Johann Faust: Wir sehen ihn, wie er Gretchen, die zarte Mädchenblüte bricht und wie er Helena begegnet, dieser großen Gestalt der abendländischen Welt. Noch lebt dieser nie ermüdende Sucher und Forscher, dieser Eremit in der Studierstube, den Mephisto in die Welt lockt, so daß er wirklich zum Weltmann wird, der mit den Großen der Welt umgeht, der ihre Künste kennen lernt und selbst übt, der dort zur Stelle ist, wo man seiner eigenen Fähigkeiten zum Guten wie zum Bösen bedarf. So sehen wir ihn heute vor uns: diesen weltlosen deutschen Doktor, diesen Träumer und Magier, diesen Zauberer und Verführer, der zu einem gewaltigen Schöpfer und Tatmenschen wird, lange ehe draußen in der Welt die Denker und Träumer durch die Täter und Raumfahrer abgelöst werden. So hat er Goethe durch ein ganzes langes Leben hin begleitet. Eines Dichters Geist ist in dieser Gestalt lebendig geworden, aber es ist, da dieser Dichter selbst noch einmal eine ganze Welt in sich vereinen konnte, auch noch einmal ein Stück Menschenschicksal in sie eingeschlossen.

Wir erleben auch Fausts letzte Stunde und hören die Rufe und Gesänge aus den Bergschluchten. Sie erreichen uns in unsern einsamsten Stunden und geleiten uns auf unseren düstersten Wegen. An den Abgründen unseres Daseins vernehmen wir den Gesang des Chorus Mysticus:

> Alles Vergängliche
> Ist nur ein Gleichnis;
> Das Unzulängliche
> Hier wird's Ereignis;
> Das Unbeschreibliche
> Hier ist's getan;
> Das Ewig-Weibliche
> Zieht uns hinan.

Wer wagte es zu sagen, er habe ihn ganz erlebt, ganz erfahren und sein Schicksal nachvollzogen?

Er trat auch vor die Welt. Die Völker der Erde suchten ihn zu erkennen und meinten damit uns zu verstehen. Sie identifizierten uns mit ihm, weil wir nicht selten uns mit ihm gleichstellten, uns auf ihn wie einen Schutzgenius beriefen.

Wir meinen manchmal, die Deutschen seien sich in dieser Gegenwart nicht immer bewußt, wen sie in Goethe besitzen. Sie nennen zwar seinen Namen und mit dem seinen auch den des Dr. Faust. Aber lesen sie ihn auch? Gehen sie mit diesem Dr. Faust die Wege und Irrwege, die Wege auf die Höhen des Lebens und in die Tiefen der Schuld und des Nichts? Nehmen sie teil an seinen Beglückungen und seinen Verzweiflungen?

Sie sollten es tun. Sie sollten diesen Dr. Johann Faust zu verstehen suchen, nicht in blinder Verehrung nur oder gar in gedankenloser Verherrlichung, aber auch nicht in leichtfertiger Verleugnung, sondern so wie er begriffen werden muß als eine der großen Gestalten, in die ein Stück menschlichen Lebensgeheimnisses und irdischer Lebenstragik einging.

Unser Weg mit Dr. Faust ist noch nicht zu Ende beschritten, wir werden noch längere oder kürzere Zeit mit ihm gehen und wenn wir jemals ihn verlieren sollten auf unserer Straße durch eine Epoche, in der alle Wege an den Rand des Abgrundes und des Untergangs zu führen drohen, sollten wir uns seiner erinnern, wenn wir Rat suchen und Hilfe erwarten. Gewiß wird er nicht in jedem Fall und zu jeder Stunde uns antworten, aber wenn wir je aufhörten, ihn zu befragen, wären wir so weit von unseren Ursprüngen entfernt, daß kein Zurück mehr möglich erscheint. Wer aber seine Ursprünge verlor, der hat schon sich selbst verloren.

(1964)

Goethe als Erzieher

Wer sich heute, aus der zweiten Hälfte des 20. Jahrhunderts kommend, mit dem Leben und dem Werk Goethes beschäftigt, wer es unternimmt, sich in die Bände zu versenken, in denen die Lyrik, die Dramen, die Romane und Erzählungen, die Selbstdarstellungen, die Schriften zur Kunst, zur Literatur und zu den Naturwissenschaften, die Tagebücher und die Briefe und endlich die Gespräche enthalten sind, der wird überwältigt sein von der Lebensernte dieses seltenen Mannes. Sobald er den Versuch wagt, sich einen Weg zu diesem Werk zu bahnen, wird er unschwer erkennen, daß dieses Werk für einen Menschen steht, der sich mit seinem ganzen Selbst in diese vielgestaltige und vielschichtige Arbeit verwandelt hat. Goethe selbst hat von seiner Lebensarbeit als von den ,,Bruchstücken einer großen Konfession'' gesprochen. Das ist ein Bekenntnis, das wir Nachlebende, denen dieses Werk als einer unserer kostbarsten geistigen Besitztümer überkommen ist, in lebendiges Leben verwandeln müssen.

Wir fragen uns, wie sich die Besten in zwei Jahrhunderten seit Goethes Wirken gefragt haben: Wer war er? Er war ein Dichter und Denker, kein abstrakter Denker freilich, sondern ein Denker, dessen Sinn auf die Fülle der Welt gerichtet war, die zu erfassen und zu deuten er bis an das Ende seiner Tage bemüht blieb. Er war ein Wissender und ein Weiser, ein Seher auch des Kommenden.

Es war ein selten reiches Jahrhundert, in das er hineingeboren wurde. Neben ihm lebten Große, wir sollten uns das immer wieder vergegenwärtigen. Es waren Lessing da und Klopstock, Kant und Herder, es waren Wieland da und Schiller, Hölderlin und Kleist, es waren Mozart da und Beethoven, es lebten aber auch Napoleon und der Freiherr vom Stein, Wilhelm von Humboldt und Neidhardt von Gneisenau, der einer der ersten Leser des ,,Faust'' war. Als er vierzig Jahre zählte, brach die Französische Revolution aus und veränderte die Welt. Ein deutscher Denker neben ihm, der Schwabe Hegel, hat mit dem System, das er errichtete, die Welt in anderer Weise verändert. Napoleon, auf der Höhe seiner Macht stehend, rief den Dichter 1808 nach Erfurt, um ihn zu ehren, wie er nur die Großen seiner Zeit ehrte. Das sind Zeichen der Zeit, sie ließen sich vermehren um vieles. Wir werden entdecken, daß nichts, was während seiner Lebenszeit geschah, Goethe fern blieb. Er überschaute aber auch die Vergangenheit wie kein anderer seiner Zeitgenossen, und er vermochte es noch einmal im Verlaufe seines langen Lebens, diese Vergangenheit zusammenzufassen zu einer Einheit und sie mit der Gegenwart zu verbinden. Er wußte am Ende seines Lebens, daß ihm Außerordentliches widerfahren war. Im Jahre 1825 bekannte er: ,,Laß uns so viel als möglich an der Gesinnung halten, in der wir herankamen; wir werden mit vielleicht noch wenigen die letzten sein einer Epoche, die so bald nicht wiederkehrt." Das ist ein Bekenntnis, das wir zusammenhalten sollten mit seiner prophetischen Schau der Zukunft. Er sah das Maschinenzeitalter heraufkommen, in dem wir leben müssen, und charakterisierte in visionärer Voraussicht den Menschentyp, der diesem Zeitalter sein Gepräge geben würde; er sprach von einem „Jahrhundert für fähige Köpfe, für leicht fassende, praktische Menschen, die, mit einer gewissen Gewandtheit ausgestattet, ihre Superiorität über die Menge fühlen, wenn sie gleich selbst nicht zum Höchsten begabt sind."

Aus einem großbürgerlichen, hochkultivierten Hause kommend, brach er als junger Mensch in die Welt auf. Keine der Beglückungen und Anfechtungen, wie sie auf junge Menschen warten, blieb ihm fremd, er genoß die Freuden der Jugend, Freundschaft und Liebe wurden ihm in reicher Fülle zuteil, was ihm widerfuhr, nahm er schon als Jüngling in sein Leben auf, um daran zu reifen. Alle Verzauberungen, alles Glück und alles Leid verwandelte er früh in sein Werk. Der junge Mensch, ins Leben stürmend und vom Leben mit seiner Fülle und Tiefe Besitz ergreifend, schuf die ersten Dichtungen, die dem Zeitalter des „Sturm und Drang" angehören: „Die Leiden des jungen Werthers" und „Goetz von Berlichingen", um nur zwei Werke der Jugend zu nennen. Er schrieb die titanischen Hymnen wie „Prometheus" und entdeckte, von Herder geleitet, die große Kunst der Gotik. Es ist nicht ohne tiefen Sinn, daß die Freunde Goethe Prometheus nannten. Neben ihm standen andere Dichter, Klinger und Lenz: nicht minder begabt an Kraft der sprachlichen Gestaltung, nicht minder leidenschaftlich nach Neuland ausschauend und mit ihm Neuland erobernd. Sie blieben hinter ihm zurück, weil ihnen fehlte, was ihm verliehen war: die Fähigkeit und die Kraft, sich selbst zu einem höheren Menschentum emporzuführen. Es wäre ungerecht zu übersehen, daß ihm andere Menschen dabei hilfreich waren. Goethe hat uns in „Dichtung und Wahrheit" einen unvergleichlichen Einblick in sein Werden gegeben. Dieses Buch könnte wohl als die Grundlage seiner eigenen Erziehungs-Maxime betrachtet werden, wenn wir nicht von vornherein betonen müßten, daß Goethe zunächst nicht daran gedacht hat, andere Menschen erziehen zu wollen. Ihm ging es zunächst nur darum, sich selbst zu bilden und zu formen, worunter er ein Formen weniger nach einem Vorbild als nach einem tiefen Inbild verstanden wissen wollte. *„Der Mensch ist kein lehrendes, er ist ein lebendes, handelndes und wirkendes Wesen. Nur in Wirkung und Gegenwirkung erfreuen wir uns!"* Lebenslang betont Goethe die Einheit von Tun und Denken, nichts lag ihm darum ferner als die Existenz eines Literaten, das heißt eines Menschen, der im unverpflichtenden Schreiben Genüge findet. Er hat sich immer neue Aufgaben gestellt, nicht nur um sie zu lösen, um gewisse Pflichten zu erfüllen, sondern um an der Lösung dieser Aufgaben, an der Erfüllung dieser Pflichten zu einem innerlich erfüllten Menschentum zu reifen. ,,Über allen anderen Tugenden steht eins: das beständige Streben nach oben, das Ringen mit sich selbst, das unersättliche Verlangen nach größerer Reinheit, Weisheit, Güte und Liebe." Vier Ziele seines Ringens sind damit angedeutet, vier Ziele, die nicht nur seiner Selbsterziehung, sondern auch der Erziehung des Menschen schlechthin als Maxime dienen können. Die Idee der Reinheit spielte in seinem Leben eine dominierende Rolle. ,,Möge die Idee des Reinen, die sich bis auf den Bissen erstreckt, den ich in Mund nehme, immer lichter in mir werden." In den Briefen und Tagebuchaufzeichnungen der Jahre zwischen 1777 und 1780 kehrt diese Idee immer wieder, sie ist in Zusammenhang zu bringen mit einem Lehrgedicht aus dem Kreise der Pythagoräer, den ,,Goldenen Sprüchen", aber auch mit gewissen sich auf die innere Reinigung, die Selbstbesinnung beziehenden Gedankengänge aus dem Lebensbereich des Pietismus. Im deutschen Humanismus haben sich unter anderem pietistisch-mystische Elemente mit griechischen zu einer neuen Einheit vereint.

Bei all seinem Streben nach einem immer reineren und vollkommeneren Selbst kommt Goethe zugute, das er sowohl in der großen Welt der Natur wie in der Menschenwelt tief verwurzelt ist, daß er überzeugt war, das eine lasse sich nicht vom anderen trennen. ,,Wie kann sich der Mensch gegen das Unendliche stellen, als wenn er alle geistigen Kräfte in seinem Innersten, Tiefsten versammelt, wenn er sich fragt: Darfst du dich in der Mitte dieser ewig lebendigen Ordnung auch nur denken, sobald sich nicht gleichfalls in dir ein beharrlich Bewegtes um einen reinen Mittelpunkt kreisend hervortut?" Dem wohlgeordneten Kosmos im All entspricht ein Kosmos in uns selbst, den zu ordnen unsere Aufgabe ist.

Es ist ein immer strebendes Sich-Mühen, was Goethe gebietet, einem unbekannten, aber wohl geahnten höheren Ziele zuzustreben. Er weiß, daß ein langer Weg auf ihn wartet, daß er diesen Weg aber gehen wird, wenn er sich immer wieder in selbstgestellten, aber auch von außen übernommenen Pflichten und Aufgaben bewährt. Er dient seinem Herzog und dem Staat, er dient aber auch seinem Werk, an dem er unablässig wie an sich selbst arbeitet. Wir müssen uns immer wieder vor Augen halten, daß ein junger Mensch die Faust-Dichtung beginnt und ein Leben lang an ihr fortspinnt, bis sie der alte Mann in seinen letzten Lebensjahren abschließt und versiegelt. Welch eine immer neue Läuterung setzt die Arbeit nicht nur an diesem, sondern an dem gesamten Lebenswerk voraus! Läuterung aber heißt Selbsterziehung, heißt Gewalt über sich gewinnen, um die eigentümlichen Fähigkeiten, die ihm von einem Höheren, von Gott, anvertraut werden, zu entfalten. ,,Der Mensch, der Gewalt über sich hat und behauptet, leistet das Schwerste und Größte" – dies ist eine Maxime, die in Goethes Reflexionen über den Sinn des Lebens in immer neuen Variationen auftaucht. Die Selbsterziehung und Selbstgestaltung kann sich aber nicht außer der Welt, sie muß sich in ihr, im Umgang mit den Menschen vollziehen. Der Mensch lernt sich selbst kennen, wenn er andere kennt, wenn er die Welt kennt, wobei unter Welt die Welt der Natur und die Menschenwelt der Geschichte zu verstehen ist. Auch dies gehört zu Goethes Selbsterziehung, daß er um sich selbst zu kennen, bemüht bleibt, die Welt kennenzulernen, ohne sich an die Welt zu verlieren, so daß er umgekehrt in anderen Lebensaugenblicken sich aus der Welt zurückzieht in sein eigenes Selbst. Es ist eine gnadenhafte Korrespondenz zwischen der Welt, die der Mensch in sich trägt, die er zu immer reinerer Vollendung ausgestalten muß, und der Welt draußen, der Menschenwelt und der Geschichtswelt.

„So göttlich ist die Welt eingerichtet, daß jeder an seiner Stelle, an seinem Ort, zu seiner Zeit, alles übrige gleichwägt."

Die Gesetze, die die große Natur bestimmen und ordnen, erkennt Goethe als die Gesetze an, die die Menschenwelt lenken. Er hat dies in den Versen ausgesprochen:

So ist's mit aller Bildung auch geschaffen,
Vergebens werden ungebundne Geister
Nach der Vollendung reiner Höhe streben.

Wer Großes will, muß sich zusammenraffen,
In der Beschränkung zeigt sich erst der Meister,
Und das Gesetz nur kann uns Freiheit geben!

Goethe findet dieses Gesetz in der gesamten Schöpfung, es ist das Gesetz, das sich in allen Formen der Natur offenbart, er spürt ihm auf vielen Wegen nach, auch wenn er nach der Urpflanze sucht. Dieses allumfassende und allgestaltende Gesetz offenbart sich in tausend Formen immer neu. In der geprägten Form, die lebend sich entwickelt, sieht Goethe sein höchstes Wirken.

Wenn es um die Erziehung und Bildung des Menschen geht, so muß sie vor allem darin bestehen, daß wir die uns eingeborenen Wesensgesetze, die Entelechie, erkennen und zur Entfaltung bringen. In einer Tagebuchnotiz vom Jahre 1797 heißt es: „Das Gesetz macht den Menschen, nicht der Mensch das Gesetz." Goethe hat darunter das der Welt immanente Gesetz verstanden, das er überall in der Schöpfung fand. Durch Goethes Werk zieht sich in immer neuen Gestalten diese Entfaltung innerster Wesenskerne, wir finden sie in der „Iphigenie" wie im „Tasso", im „Faust" wie in „Wilhelm Meister", wir begegnen ihr in der „Na-

türlichen Tochter" und in den „Wahlverwandtschaften". Wenn Goethe in der
Geschichte nach Zeugen für seine Anschauung sucht, so sind es immer wieder
die Griechen, auf die er sich beruft. „Man studiere nicht die Mitgeborenen und
Mitstrebenden, sondern die großen Menschen der Vorzeit..., aber vor allen
Dingen die Griechen und immer wieder die Griechen." Oder in anderem Zu-
sammenhang: „Jeder sei auf seine Art ein Grieche, aber er sei es."
Wenn vom Erzieher Goethe gesprochen wird, geschieht es nicht selten in einer
einseitig starken Betonung seiner Gedanken in der „Pädagogischen Provinz" des
„Wilhelm Meister". Goethe hat hier zusammengefaßt, was er sein Leben lang
gesucht, gedacht und auch verwirklicht hat und was er als Krönung seines Lebens
empfand: *die Ehrfurcht* vor der Welt der Schöpfung, aus der er auf das Walten
Gottes schließt. Diese Ehrfurcht wird in der „Pädagogischen Provinz" gleichsam
drei Regionen zugeordnet: in die Ehrfurcht vor dem, was über uns, was neben
uns und unter uns ist, und schließlich zusammenfassend in Ehrfurcht vor uns
selbst, das heißt vor dem Höheren, Göttlichen, was in allen Menschen waltet.
Es ist der Mensch schlechthin, für den Goethe lebenslang eine hohe Achtung
hegte. „Nur alle Menschen machen die Menschheit aus, nur alle Kräfte zusam-
mengenommen die Welt." Und an anderer Stelle: „Mache ein Organ aus dir und
erwarte, was für eine Stelle dir die Menschheit im allgemeinen Leben zugestehen
werde." Diese Sätze zeigen, wie Goethe die durch Arbeit an sich selbst erzielte
Bildung nicht als Endzweck des Lebens betrachtet, sondern als eine Vorausset-
zung für das Wirken des Menschen in der Gemeinschaft. Es schien ihm wichtig
zu betonen, wie wesentlich in diesem Zusammenhang das handwerkliche Können ist: „Allem Leben, allem Tun, aller Kunst muß das Handwerk vorangehen,
welches nur in der Beschränkung erworben wird. Eines recht wissen und aus-
üben gibt höhere Bildung als Halbheit im Hundertfältigen." Goethe wollte dabei
nicht einer Erziehung zum Spezialistentum das Wort reden, im Gegenteil war er
der Meinung, der wirklich gebildete Mensch könne seinen ihm in der Gesellschaft zukommenden Platz wiederum nur durch die selbstgewählte Beschränkung einnehmen. Alle seine Erziehung und Bildung war auf das *Humane* gerichtet. Es liegt darin auch das Verlangen nach größerer Weisheit, Güte und Liebe,
von dem wir schon gesprochen haben.
Güte und Liebe waren Richtlinien zum Humanen hin, und schließlich, wie er in
der „Pädagogischen Provinz" andeutet, zum Religiösen als dem höchsten Ziel
aller Erziehung. Zwei Aussprüche deuten auf dieses Ziel hin:

> *Denn das Leben ist die Liebe*
> *Und des Lebens Leben Geist.*

Und der andere: „*Es bleibt Idee und Liebe.*" Es wäre ein Irrtum anzunehmen, Goethe sei der Meinung gewesen, die Erziehung und vor allem die Selbsterziehung des Menschen zu diesen hohen Zielen hin sei eine leicht zu bewältigende Aufgabe. Nichts lag ihm ferner als dies. Er kannte das Leben und war mit den Mächten vertraut, die die Entfaltung des innersten Menschenwesens bedrohen. Es sind die Mächte des Bösen und des Dämonischen, von denen er häufig redet. Die bedeutende Stelle über das Dämonische in „Dichtung und Wahrheit" ist bekannt. In einem Gespräch mit Eckermann hat er noch einmal daran erinnert: „Das Dämonische ist dasjenige, was durch Verstand und Vernunft nicht aufzulösen ist; in meiner Natur liegt es nicht, aber ich bin ihm unterworfen." Immer wieder mußte Goethe im eigenen Leben wie im Leben derer, die ihm nahe standen, das Walten dieser Macht spüren. Sie war für ihn nicht identisch mit dem Mephistophelischen, das Dämonische äußere sich, so bekennt er, „in einer positiven Tatkraft". Die großen Spannungen, die Widersprüche und Gegensätze, die Goethe auch in der Natur immer wieder findet, weiß er dem Leben der Menschen eingeschlossen. Es ist nicht das triviale Glück, das er sich für den Menschen, am wenigsten für sich selbst wünscht. Wir kennen seine Äußerung, er sei nicht vier Wochen in seinem Leben wirklich glücklich gewesen. Sein Ziel bleibt viel mehr immer das erfüllte Leben, in dem sich Irdisches und Himmlisches begegnen... Zu ihm möchte er die Menschen führen, weniger durch praktische Anweisungen als durch das gelebte Leben selbst. Erfüllte Pflichten, gelöste Aufgaben führen zu immer höheren Stufen der großen Lebenspyramide. Das Gefühl, das innerste Gesetz erfüllt zu haben, bedeutet ihm höchste Beglückung. Goethes Erziehung und Bildung gipfelt so in der Hingabe an das Göttliche und in dem Bewußtsein, es sei uns bestimmt, dem Göttlichen zu vertrauen, aber auch zu dienen. Schließlich ist es Liebe, durch die der Mensch teilhat am Universum und an Gott. Es ist Gottes Liebe, durch die wir erhoben werden in Bereiche, die wir wohl ahnen, aber nicht erkennen können. Goethes Scheu vor dem Unerforschlichen und dem Tragischen ist bekannt. „Für Goethe", sagt Eduard Spranger, „ist von früh auf charakteristisch, daß er über das, was ihn am gewaltigsten erschüttert, schwieg." Josef Pieper, der dieses Schweigen Goethes in einer besonderen Schrift gedeutet hat, schreibt dazu: „Daß aber der Erkennende nicht ein trotzig ,gegen das Seiende Aufstehender' sei, sondern vor allem anderen ein vernehmend Schweigender und ein auf Grund von Schweigen Hörender – dies ist es, worin Goethe übereinkommt mit dem, was mit Pythagoras als die große Schweige-Tradition des Abendlandes gelten darf."
Wer Goethes Werk kennt, der weiß um seine enge und unlösliche Beziehung zum Göttlichen, die für ihn mit den letzten Geheimnissen und Zielen unseres

Erdenlebens identisch ist. Darüber hat er nur mit großer Zurückhaltung gesprochen, mit Andeutungen mehr als mit Bekenntnissen, immer wieder aber leuchtet diese Erfahrung des Göttlichen auf:

> Und alles Drängen, alles Ringen
> Ist ewige Ruh in Gott dem Herrn.

Wie das Werk, so verrät auch das Leben die Beziehungen zum Numinosen, und
in keiner Epoche vermissen wir dieses nicht ermüdende Streben nach Verwirkli-
chung jener Ordnung, in der das Walten göttlicher Kräfte spürbar ist, nie verliert
er sich in der Vielfalt der Erscheinungen, die ihm auf Schritt und Tritt in der Welt
der Natur wie in der Menschenwelt entgegentreten, von einer innersten Mitte.
In ihr weiß er göttliche Kräfte gegenwärtig, aus ihr empfängt er seine Kräfte der
Lebensführung und Lebensformung. So münden alle seine Ideen von Bildung
und Selbstbildung in einer Weltfrömmigkeit, durch die er den großen Menschen
des Abendlandes verbunden ist, sie hebt ihn ins Zeitlose. Durch sie aber sind
auch wir ihm verbunden.

Es gibt Stimmen genug, wir vernehmen sie täglich, die uns zu überzeugen suchen, er, der Gestalter einer Welt im dichterischen Wort, der immer strebende
und ringende Mensch, dem nichts Menschliches fremd blieb, könne uns in einer
verwandelten Welt wenig mehr bedeuten. Sie wollen uns mit mancherlei Gründen versichern, es zeuge von Fortschritt, sein Werk und sein Dasein zu verleugnen. Träte er unter uns, erwiderte er wohl mit der ihm eigenen Gelassenheit, zu
allen Zeiten habe es Menschen gegeben die, sich an die Wirrungen des Tages ver-
lierend, die großen ewigen, das menschliche Leben ordnenden Gesetze außer
acht ließen, um dem vergehenden Tag zu dienen. Zu ihnen aber hat er nie gehört. Wer solcherweise dem Tag dient, wird bei ihm keinen Rat suchen, wer indessen, so wie er selbst, sein Leben unter die großen ewigen Gesetze zu stellen
bereit ist, der wird auch heute nicht vergebens mit ihm Umgang pflegen. Sein
Rat wird ihm nicht unmittelbar entgegentreten, er wird ihn im Werk und im Leben erspüren müssen. Werk und Leben sind, wie nur bei ganz wenigen Menschen des Abendlandes, eins geworden, und wer diese Einheit nachzuvollziehen
bereit ist, wer die Vielfalt dieses Werkes als eine Einheit erkennt, der wird Goethe heute nicht als einen Führer, wohl aber als einen zuverlässigen und untrügli-
chen Weggenossen empfinden, er wird sich durch ihn unmerklich, aber stetig zu
den Höhen emporgeführt sehen, auf denen das Menschliche sich mit dem Göttlichen berührt. Das aber ist, so meinen wir, das höchste Ziel nicht nur seiner, sondern aller Erziehung.

Schwankend ist unsere Gegenwart, die Fundamente sind in Bewegung geraten,
die Zukunft erscheint unsicher. In solchen Zeiten ist es schlecht, sich dem Ver-

86

wirrten und Verwirrenden hinzugeben. Wie der Seefahrer Ausschau hält nach den Gestirnen, die unerschütterlich ihre Bahn ziehen, so wollen wir uns in Zeiten wie denen, in denen wir leben müssen, an jene Gestirne halten am Himmel der Menschheit, die sich als zuverlässige Ordner des menschlichen Lebens erwiesen haben. Zu ihnen zählt Goethe, den wir nicht im einzelnen Werk, sondern im Kosmos des Gesamtwerks suchen wollen.   *(1969)*

Goethes Maximen und Reflexionen

Das Werk Goethes ist unerschöpflich, wir mögen uns ihm nähern, wo und wann wir wollen, stets tut sich eine neue Seite seiner umfassenden Größe auf. Der Dichter selbst hat sein Werk eine große Konfession genannt, damit andeutend, daß seine Lebensarbeit nicht von seiner eigenen Existenz losgelöst betrachtet werden darf, daß vielmehr das Werk in engstem Zusammenhang mit dem Leben erfahren werden muß. Wir ehren in Goethe einen der großen deutschen Dichter, wir ehren in ihm aber auch, und das hebt ihn heraus aus dem Raume des Nur-Dichterischen oder gar des Literarischen, den umfassenden Menschen, den Denker und den Deuter der Lebenswerte, den geistigen Führer und den im Leben Tätigen, der immer wieder betont hat, Denken und Tun müsse eine Einheit bilden. Das vielgestaltige Leben mit seinen Problemen war ihm das Element, in dem er sich lebenslang bewährt hat. Goethe war Dichter und Denker zugleich, er war aber auch ein Weiser, dessen geistiges Auge in die rätselreichen Zusammenhänge des Daseins hineinsah, dem es gegeben war, das, was sich seinem Auge darbot, den Menschen in den Gestaltungen seines Werkes darzustellen oder als Einsicht und Wegweisung unmittelbar auszusprechen. Wir verlegen gerne die besondere Fähigkeit, die gültigen Lebenseinsichten und Weisheiten in Worte zu fassen, in das spätere Mannes- oder gar in das Greisenalter. Wir sind dabei nur insofern im Recht, als die Fülle der Maximen und Reflexionen aus den drei letzten Lebensjahrzehnten des Dichters stammen. Indessen weiß der, dem Goethes Werk vertraut ist, daß schon der junge Mensch in seinen Briefen und Tagebüchern dergleichen gültige Einsichten festzuhalten pflegte und daß die Werke seiner frühen Periode nicht minder von leuchtenden Sätzen durchsetzt sind, in denen gültige Einsichten zutage treten. Es sind dies keine ergrübelten Weisheiten, vielmehr Erfahrungen und Erkenntnisse, wie sie dem Begnadeten scheinbar mühelos, gleichsam als Inspiration zufallen. Sie tauchen in den Briefen und Tagebüchern vor allem zwischen den Jahren 1776 und 1782 auf und zeigen, wie reich schon damals sein Wissen um die Lebenszusammenhänge, ja die Lebenstotalität war. Es ist häufig ein Wissen des Herzens und dem Sehertum eher als dem Denkertum verpflichtet. Die Lebenszusammenhänge des Alltags betrachtend, erkennt Goethe, der junge Dichter und Weltmann, der Hofmann und werdende Staatsmann, allgemein gültige Wahrheiten. Aber nur weil der junge Dichter eine Welt in sich trug, konnten sich aus der Begegnung dieser inneren mit der äußeren Welt die große Zusammenhänge erhellenden Erkenntnisse formen. Daß er sie in Briefen und Tagebüchern niederschrieb, entsprang keinem anderen Bedürfnis als dem, sich selbst Rechenschaft zu geben. Noch waren diese Aufzeichnungen festgehalten worden ohne den Gedanken, sie anderen, es sei denn den Freunden, mitzuteilen. Auch auf andere zu wirken, lag ihm fern. Die unabsichtliche Niederschrift vèrmittelt diesen Weisheitssätzen ihre Frische, ihren intuitiven Zauber. Auch den Maximen und Reflexionen eignet dieser Zauber, diese Magie. ,,Jedes Menschen Gedanken- und Sinnesart hat etwas Magisches'', schrieb der noch nicht Dreißigjährige am 15. Dezember 1778 in sein Tagebuch, ein Wort, das in hohem Maße seine eigenen Gedanken charakterisiert und sich von den Aphorismen anderer Autoren unterscheidet. Diese Sammlung Goethescher Aphorismen, die vom Dichter nicht selbst, sondern von den Herausgebern seines Nachlasses zusammengefügt wurde, steht in der Literatur nicht allein, sondern fügt sich zwischen eine Reihe verwandter Werke ein, neben die gestellt, aber ihre Eigenart besonders zutage tritt.

Mit den Fragmenten der Vorsokratiker beginnt jene Reihe großer Aphorismenbücher, die über Marc Aurels *Selbstbetrachtungen*, Epiktets *Handbüchlein der Moral* zu Balthasar Gracians *Handorakel* und den Aphorismenbänden der französischen Moralisten La Rochefoucauld, Vauvenarges, Montesquieu, Chamfort, Fürst Ligne und Joubert führt. In dieser erlauchten Reihe haben die *Maximen und Reflexionen* ihren Platz, und wenn einige deutsche Autoren ihnen zur Seite gestellt werden dürfen, so Georg Christoph Lichtenberg, Friedrich Maximilian Klinger, Goethes Jugendfreund, dessen Maximen leider dem Bewußtsein der Deutschen entfallen sind, und in einer anderen Provinz geistiger Landschaft die Fragmente von Novalis und Schlegel. Zwischen ihnen hat Goethe seinen Platz. Im gleichen Maße aber wie seine innere Welt die Welt der Genannten an Weite, Umfang und Dichte überragt, stehen auch seine Aphorismen über diesen Sammlungen. Es ist auch das eigentümlich Deutsche, das diesen Maximen Goethes ihre besondere Stellung in der Weltliteratur verleiht, so wie andererseits aus Marc Aurels *Selbstbetrachtungen* das Griechisch-Römische oder aus den Werken der Moralisten das Romanische, im engeren Sinne das Französische spricht, selbst dort, wo über den Menschen schlechthin gesprochen wird.

Goethes Aphorismen gehören aber auch, im höheren Zusammenhang gesehen, seinem Lebenswerk zu, insofern wir in diesem die Kristallisation unserer deutschen Geisteswelt und im Zusammenhang mit Goethes Leben die Kristallisation reicher deutscher Möglichkeiten überhaupt erkennen. Wer die *Maximen und Reflexionen* aufschlägt, wer sie als Lebensbuch zu den wenigen Bänden fügt, die er in entscheidenden Augenblicken seines Lebens zu Rate zieht, der möge sich erinnern, daß dieses Buch auch ein Stück der großen Goetheschen Lebensbeichte darstellt. Er wird beobachten, wie sich von diesen einzelnen Reflexionen die vielfältigen Bezüge zum Gesamtwerk aufzeigen lassen. Gelingt dies dem Leser, so wird für ihn von vielen dieser Worte ein Licht auf das gesamte dichterische Werk fallen.

Ein Licht werfen sie aber auch auf unseren eigenen Lebensweg, und es ist kaum eine Sphäre denkbar, die von diesem Licht nicht erreicht würde, weil es kaum eine Lebenssphäre gab, die Goethe verschlossen gewesen wäre. Daß dabei freilich die Bereiche, die dem Dichter besonders nahe standen, vor anderen in Erscheinung treten, bedarf keiner ausdrücklichen Erwähnung. Es sind dies die Gebiete der Natur und der Kunst. Das mag Goethe auch bestimmt haben, für eine in Aussicht genommene Veröffentlichung den gesamten Aphorismenbestand in drei Gruppen zu teilen. ,,Wir wurden einig, daß sich alle auf Kunst bezüglichen Aphorismen in einem Bande über Kunstgegenstände, alle auf die Natur bezüglichen in einem Band über Naturwissenschaften im allgemeinen sowie alles Ethische und Literarische in einem gleichfalls passenden Bande einst zu verteilen haben." Aus dem Wesen des Aphorismus heraus ergibt sich freilich, daß jede Einteilung nach dem Inhalt mehr oder minder nur ein Rahmen sein kann, der die sich an vielen Stellen berührenden Aphorismengruppen gegeneinander abgrenzt. Je mehr der einzelne Aphorismus aus der Lebenstotalität heraus geboren wurde, um so mehr berührt er seinerseits wieder weite Lebenssphären. So finden sich denn auch in den verschiedenen Gruppen Aphorismen, die mit dem gleichen Recht in eine andere hätten eingefügt werden können. Allein es kommt auf die Einteilung so wenig an, wo doch dieses Lebensbuch als Ganzes genommen werden will, wo selbst von einem Aphorismus auf den anderen Licht fallen will und wo die Bezüge zwischen den einzelnen vom Leben hergestellt werden sollen.

Ein solches Buch gesammelter Gedanken hat aber nicht nur die Aufgabe, den Leser anzusprechen, sondern die vielleicht noch wichtigere, ihn zum eigenen Nachdenken zu bewegen. Zustimmung und Ablehnung mögen manche Gedanken erwecken, daß der Leser dadurch in eine Zwiesprache mit Goethe gerät, das könnte der schönste Erfolg seiner Beschäftigung mit den *Maximen und Reflexionen* sein. Wer freilich möchte es wagen, von sich zu sagen, er könne dem Weisen von Weimar ein kongenialer Partner sein? Daß wir ihm wirklich lauschen und in seine Welt folgen, ist alles. Geistiger Reichtum wird dem zuteil, der sich dieser Welt nähert; und wenn es sein mag, daß sich ihm mancher Gedanke im ersten Nahen verschließt, so möge er sich nicht entmutigen lassen, wollen doch solche Maximen immer wieder gelesen werden. Was heute dunkel und verhüllt erscheint, mag sich zu anderer Stunde und unter anderem Schicksal öffnen. Darin aber gleichen die Aphorismen den großen Gedichten, die nur zu gewissen Stunden unmittelbar ihr Geheimnis offenbaren, zu anderen aber sich uns nur zögernd aufschließen. Das kann uns auch daran erinnern, aus welch vielfältigen inneren Voraussetzungen die Aphorismen entsprungen sind. Es sind solche, die die Spuren des einmaligen Augenblicks zeigen, es sind andere, die uns verraten, daß sie die Früchte langer Lebenserfahrung und Lebensreife darstellen, und es gibt wieder andere, die gleichsam am Ende einer Lebensstraße auf ein Stück Papier geschrieben wurden. Denn so vielfältig wie der Inhalt der Aphorismen, ebenso vielfältig ist auch die Veranlassung, die zu ihrer Niederschrift führte. Wenn hier Aphorismen von schwerem inneren Gehalt neben anderen leichteren Gewichtes stehen, so mag auch dies darauf hindeuten, wie im Leben Goethes die wechselnden Geschicke wechselnde Spuren in seine Produktion eintrugen. Ins einzelne uns vertiefend, wollen wir uns immer wieder des Ganzen freuen.

Es ist den Menschen von jeher schwer geworden, das Goethesche Lebenswerk als eine Ganzheit zu erkennen und zu umfassen. Zu lange hat man den jungen Goethe gegen den reifen und in anderen Augenblicken den alten Goethe gegen den jungen auszuspielen versucht. Nun mag zugegeben werden, daß der einzelne nach Maßgabe seines Alters und seiner eigenen geistigen Haltung in engerem Verhältnis zu dieser oder jener Epoche von Goethes Leben stehen wird, das sollte indessen nicht dazu führen, die Früchte des einen oder anderen Lebensabschnittes gegenüber anderen gering zu achten, ist doch Goethes Größe immer wieder darin zu suchen, daß dieser begnadete Mensch sich in einem einmaligen Lebenswerk von unvergleichlicher Breite und Tiefe verwirklichen konnte. Wenn auch die *Maximen und Reflexionen* nur aus den drei letzten Lebensjahrzehnten des Dichters stammen, so ist doch in sie die Lebenskraft und Lebenserfahrung aus dem ganzen Dasein eingeströmt. Die Erfahrungen und Erkenntnisse, die Erlebnisse und Begegnungen, die Wünsche und die Hoffnungen, der Glaube und der Zweifel, all das, was den Menschen Goethe bewegte, ist eingegangen in diese Weisheitssätze, die über anderthalb Jahrhunderte hinweg von ihrer Leuchtkraft nichts verloren haben. Es läßt sich wohl denken, daß der eine seinen Tag damit beginnt, indem er sich ein solches Wort vor die Seele stellt, während ein anderer den seinen mit einem anderen Wort beschließt. Wieder ein anderer mag diese *Maximen und Reflexionen* in Stunden des Zweifels und der Ratlosigkeit aufschlagen, und es wäre keineswegs erstaunlich, wenn sich ihm nicht ein Wort darböte, das ihn kühn und entschlossen den Weg in die Zukunft gehen lehrte. Denn dieses Buch, das so ganz aus dem Leben herauswuchs und das Leben in seinen reinen Elementen in sich aufgenommen hat, will wieder Leben werden, es will Menschen helfen, ihr Leben zur Gestalt zu erheben und ihnen jenes höchste Glück zu schenken, von dem Goethe immer wieder rühmend spricht, eine Persönlichkeit zu werden. *(1972)*

Nachwort

Es sei erlaubt, rückschauend noch ein kurzes Wort zu sagen. Fünfundfünfzig Jahre sind vergangen, seitdem die erste der vorliegenden Arbeiten niedergeschrieben wurde, Jahre, in denen sich im Leben des Abendlandes kaum faßbare Veränderungen vollzogen haben. Im Bereiche des Geistes wurden fast alle Werte neu befragt. Es waren Jahre der Herausforderung für alle, die im Raum des Geistes eine Heimat besitzen. Ich habe es lebenslang als eine Gnade betrachtet, in dieser Welt leben und arbeiten zu dürfen. Was in dem vorliegenden Buch zusammengeschlossen ist, möchte ich ein Bekenntnis nennen, das im Zusammenhang mit meiner Gesamtarbeit gesehen werden sollte. Was die Begegnung mit Goethe, seinem Werk und seinem Leben, mir in dieser Zeit bedeutet hat, versuchte ich in der ersten Arbeit sichtbar zu machen. Sie ist zeitlich gesehen die letzte, die ich zum Thema schrieb. Alle anderen Beiträge des Buches wollen im Zusammenhang mit der jeweiligen Zeitsituation gesehen werden. Sie legen für meine Begegnungen mit Goethes Werk Zeugnis ab, dafür spricht auch mein Buch „Herzogin Anna Amalia, die Begründerin des Weimarer Musenhofes", das ich während des Zweiten Weltkriegs schrieb und das 1943 bei Bruckmann in München erschien. Da die gesamte Auflage einem Bombenangriff zum Opfer fiel, konnte der Band erst 1947 vorgelegt werden. Bei der Niederschrift war es meine Absicht, zu zeigen, in welcher menschlichen und gesellschaftlichen Atmosphäre Kultur und Geist gedeihen und reifen können (im Gegensatz zur damaligen Diktatur).

Zu einzelnen Beiträgen seien noch folgende Anmerkungen gemacht: Über Charles Du Bos, auf den im ersten Essay hingewiesen wird, informiert der Essay „Charles Du Bos' geistige Welt" in meinem Buch „Umgang mit dem Genius" (1974).

„Goethe als Erzähler" erschien als Einleitung zu einem Auswahlband „Goethe-Novellen und Märchen" (1947).

„Goethe und Reinhard", ein Briefwechsel in den Jahren 1807–1832 erschien mit einer Einleitung des Verfassers 1958 im Insel Verlag.

„Goethe als Erzieher" bildete die Einführung zu einem Auswahlband mit gleichem Titel (1970).   *Otto Heuschele*

Inhalt

Weitere lieferbare Werke des Verfassers

Über das Gesamtwerk von Otto Heuschele unterrichtet eine
im Lempp-Verlag, Schwäb. Gmünd, erschienene Bibliographie.

Lyrik
Prisma, Ausgewählte Gedichte
Unsagbares, Neue Gedichte

Erzählungen
Inseln im Strom
Die Nacht des Prinzen Eugen

Essays
Umgang mit dem Genius
Das Unzerstörbare
Hölderlins Freundeskreis
Immer sind wir Suchende
Heimat des Lebens
Gespräche zwischen den Generationen
Glückhafte Reise
Schwäbisch-fränkische Impressionen

Aphorismen
Augenblicke des Lebens
Signale

Von der Beständigkeit
Festschrift zum 70. Geburtstag von Otto
Heuschele. Herausgegeben von Horst Schu-
macher. Mit Beiträgen von Carl J. Burckhardt,
Felix Braun, Gustav Hillard, Erwin Jaeckle,
Jakob Job, Karl Kerényi, Walter Mönch, Otto
Rombach, Franz Prinz zu Sayn Wittgenstein,
Max Tau, Fritz Usinger.